PARTNER

머리말

"독일여행도 국내여행처럼 편안하게!"

이것이 우리가 추구하는 바입니다.

이제는 세계 어느 곳이나 국내여행 정도의 가벼운 마음으로 떠날 수 있는 시대입니다. 미지의 땅 독일에서 낯선 사람을 만나고 새로운 풍경, 문화, 풍속을 접할 수 있는 독일여행에서 가벼운 회화 한 두마디 쯤은 할 수 있어야 하겠죠.

해외여행은 언어소통이 원활하지 못하면 유익하고 즐거운 경험을 얻기도 전에 여러 가지 불편과 마주치게 됩니다.

따라서 꼭 필요한 회화정도만이라도 할 수 있으면 여행은 한층 즐거워질 것입니다.

이 책은 실제 독일 여행중 생길 수 있는 장면을 예상하고, 그때마다 필요한 간단한 회화와 단어를 모아 엮었으며 포켓북이라 휴대하기도 편리하고, 잘 이용한다면 즉석에서 도움을 얻을 수 있는 멋진 여행회화집이 될 것입니다.

독일어 문장은 가능한 한 짧으면서도 100% 뜻이 통할 수 있도록 꾸몄으며 회화 위에 한국어 발음을 원음에 가깝게 달았고 또 독일에서 직접 찍은 사진들과 현지 사정을 상세하게 담은 Information을 실었습니다.

여행은 우리의 생각을 깊게, 마음을 넓게 만듭니다.

이제부터는 독일 여행을 가실 때 꼭 친절한 파트너 여행독일어와 함께 하시길 바랍니다.

저자 씀

CONTENTS

❸ 교통

❹ 숙박

❺ 식사

❻ 쇼핑

❼ 관광

⑧ 여흥

♠자유시간 활용법 160

⑨ 통신

♠신체 174

⑩ 긴급사태

⑪ 귀국

● 부록

♠여행자메모 222

RENSEIGNEMENTS
알아둡시다

> 해외 여행을 가고자 하는 국가에 대한 일반적인 정보를
> 알아보고 여행 목적에 알맞게 계획을 수립해야 보람있고
> 여유있는 여행을 즐길 수 있다.

☯ 여권   PASSPORT

외국에 여행하는 사람의 신분과 국적을 증명하는 서류로 외무부
여권과나 종로, 서초, 영등포, 노원구청과 시청,
도청에서 발급 받는다. 일반·외교관·관용여권
으로 구분된다. 일반여권은 복수여권·단수여권
·거주여권으로 나뉘며 일반 관광객은 유효기간
5년의 일반 복수여권을 발급 받는다.
여권신청은 개인이 직접 하거나 여행사에서
대행해준다.

☯ 비자   VISA

여행하고자 하는 상대국에서 입국 허가를 공식적인 문서로
허용하는 것으로 해당국의 대사관이나 영사관에서 여권에
기재해 주는 것이며 외국에서는 주재국의 대사관에서도
발급받을 수 있다. 비자면제협정에 의하여 독일일때는 3개월
이내일 때 필요 없다.

☯ 환전   CHANGE

출국하기 전에 미리 은행이나 공항의 환전소에서 독일화폐
(**DM** : 마르크)로 바꾸는게 좋다. 고액을 바꾼다면 분실 시에도
안전한 Traveler's check(여행자수표)를 준비하는게 좋고
액면가는 고액보다 소액으로 마련하는 것이 사용하기 편리하며
국내에서 바꾸기 힘든 현지화폐는 우선 달러로 바꾼 후
해당국에서 환전을 해야 한다. 여행자수표의 환전수수료가
현금보다 유리하다.

◐ 신용카드   CREDIT CARD

국내의 Visa(비자), Master(마스터) 카드 등의 국제카드는
독일에서도 사용할 수 있으며 여행 기간과 은행 결제일이
겹치는 경우에는 미리 사용한 대금을 예금하고 떠나도록 한다.
외국 여행중 1회에 한하여 미화 5,000불까지의 현금서비스도
받을 수 있다. 대금 결제는 귀국 후 국내에서 환율을 환산하여
결제한다.

◐ 항공권   AIR TICKET

여행사에서 단체로 가는 경우에는 문제가 없으나 개인
출발이라면 출발 3일(72시간) 전에 반드시 예약을 재확인 해야
한다. 개인 출발시 항공권의 가격은 회사별로 차이가 많이나며
전문여행사를 이용하고 직항노선보다 경유노선을 취항하는
항공편의 가격이 훨씬 저렴하다.

◐ 유스호스텔 회원증   YOUTH HOSTEL MAMBERSHIP CARD

◐ 철도패스   GR PASS / EURO PASS

◐ 국제운전면허증   INTERNATIONAL DRIVER'S PERMIT

◐ 국제학생증   INTERNATIONAL STUDENT IDENTIFICATION CARD

◐ 해외여행보험   TRAVEL INSURANCE AVOARD

여행자의 필요에 따라 위의 회원증이나 패스를 미리 구입하면
독일에서 각종 할인이나 혜택을 받을 수 있다. 이런 패스들은
외국 관광객을 위한 것이므로 국내에서 미리 구입하거나 필요에
의해서 예약을 해놓아야 한다.

준비물

품목	Y	N
■ 여권	☐	☐
■ 현금(현지화폐)	☐	☐
■ 여행자 수표	☐	☐
■ 신용카드	☐	☐
■ 항공권	☐	☐
■ 비상약품	☐	☐

귀중품

※ 위의 서류들은 꼭 별도로 번호와 발행처를 메모하거나 복사해 둘 것.

※ 독일에서는 의사처방전 없이는 약을 판매하지 않으므로 비상약품은 꼭 준비해 갈 것.

품목	Y	N
■ 유스호스텔 회원증	☐	☐
■ 국제 학생증	☐	☐
■ 국제 운전면허증	☐	☐
■ 증명사진(2매)	☐	☐
■ 타월, 칫솔, 치약, 빗, 면도기	☐	☐
■ 시계	☐	☐
■ 화장품, 생리용품	☐	☐
■ 옷, 신발	☐	☐
■ 카메라, 필름	☐	☐
■ 여행 안내 책자, 지도	☐	☐
■ 바느질용품	☐	☐
■ 계산기	☐	☐
■ 김, 김치, 고추장	☐	☐

선 택

※ 필름은 우리 나라가 싸므로 공항 면세점에서 미리 구입해 갈 것.

※ 1회용품(칫솔, 치약, 면도기 등)은 제공되지 않는 곳이 대부분이므로 준비해 갈 것.

※ 증명사진은 여권 재발급시 필요하다.

※ 장기간 여행객이라면 밑반찬을 밀봉된 병이나 팩에 넣어서 휴대한다.

독일에 대해

금발에 파란 눈, 키가 크고 매사에 정확한 게르만 민족 특유의 조건을 갖춘 독일인이라고 하면 중세의 석조건물, 견고한 제품, 제3제국을 건설하려던 위용, 세계대전 등 강직한 사상을 떠올리지만 실제로 그들은 순박한 성품과 성실한 체온을 느낄 수 있는 강직하고 솔직하며 근면한 민족이다. 다른 유럽 국가에 비해 성(城)은 중후하고 투박하지만 전쟁의 폐허에서 선진국가를 건설한 근면성이 독일의 최대매력이 될 것이다.

■ **국명** : Bundes Republik Deutschland(독일연방공화국)

■ **수도** : Berlin(베를린)

■ **면적** : 35.7만㎢

■ **인구** : 7,950만명

■ **언어** : 독일어

■ **종교** : 카톨릭

■ **나라형태** : 민주공화국

■ **시차**

'한국시간 − 8시간'. 한국이 정오이면 독일은 오전 4시.
단 3월하순에서 9월하순까지는 섬머타임이기 때문에 시차는
'−7시간'이 된다.

◑ 기후와 계절

스위스와 오스트리아국경에 접해 있는 산악지대에서 발트해에
접한 저지대까지 지형은 남에서 북으로 향해 경사 지어져 있다.
북서부는 해양성, 남동부는 대륙성기후이다. 베를린은 12월의
최저기온 -3℃, 여름의 최고기온 24℃이며 여름의 경우 밤에는
추워질 수도 있으므로 스웨터와 쟈켓을 꼭 가지고 가도록 한다.
경도가 높으므로 여름에는 21시가 되어도 밖은 밝고, 겨울에는
16시쯤에 해가 지고 만다. 여행시즌은 일조시간도

길고, 모든 것이 활기찬 5~6월이 가장 좋다. 10~4월에 여행할 때는 오버를 가지고 가야 한다.

☯ 언어

공용어는 독일어, 대도시의 호텔이나 레스토랑에서는 영어도 통한다. 일반적으로 이탈리아나 프랑스에 비해 영어를 할 줄 아는 사람이 많다. 그러나 지방도시에서는 독일어만이 통하는 곳이 있으므로 주의한다.

☯ 매너와 관습

일반적으로 독일 사람들의 기질은 성실해서 정확, 완전함을 좋아한다. 그래서 공중 도덕이나 예의를 잘 지킨다.
그래도 세계적으로 유명한 독일 맥주를 마실때는 예외이다. 비어홀에서는 그 곳의 분위기에 맞춰 큰소리로 노래를 부르고 춤을 추기도 하고 마음껏 마시고 떠든다. 이것도 비어홀 특유의 룰인지도 모른다.

☯ 팁

모든 가격에 세금, 서비스료가 포함되어 있고 표시되어 있으므로 반드시 줄 필요는 없다. 독일에서 팁은 서비스에 대한 마음씀이라는 의미가 강하고, 그다지 격식을 치려야 할 것은 아니다.
- 포터, 룸메이트 – 1 DM정도
- 레스토랑 – 잔돈정도
- 택시-짐이 있을 경우 요금의 10%정도

☯ 영업시간

주에 따라 영업시간이 다르지만 표준은 일반상점이 9시에서 18시 30분(토요일은 14시, 첫 번째 토요일은 16시, 겨울에는 18시까지)으로, 일요일, 축제일의 휴일은 법률에 의해 정해져 있다. 목요일만 20시 30분까지 연장할 수 있어 다소 영업시간이 길어진다. 은행도 목요일은 17시 30분까지 연장하고 있다.
(평일에는 16시까지)

◑ 전화

동전 공중전화는 30Pf 동전을 넣는 시내통화용과 50Pf, 1DM의
동전이 사용되는 두가지 종류가 있는데 장거리통화를 할 때는
후자가 훨씬 편리하다. 잔돈이 디지털로 표시되므로 제로가
되기 전에 다음 코인을 투입한다. 대부분 카드식 전화이며
전화카드는 12DM, 50DM짜리가 있는데, 우체국에서 구입
가능하다.

◑ 전압 · 주파수

전압은 220-230V, 주파수는 50Hz.

콘센트 모양 ▶

◑ 중요한 축제일

- **1월 1일** : 신년(Neujahr)
- **4월 5일** : 성금요일*
- **4월 7일** : 부활제*
- **4월 8일** : 이스터 먼데이(부활절 다음 월요일)*
- **5월 1일** : 노동기념일
- **5월 16일** : 크리스트
- **5월 26일** : 성령강림제
- **5월 27일** : 성령강림제 다음 월요일
- **8월 15일** : 성모피승천제
- **10월 3일** : 독일 통일의날
- **11월 1일** : 모든성인의 날
- **11월 15일** : 속죄일*
- **12월 25일** : 바이나흐텐(크리스마스)

※ *표시는 매년 바뀌는 축제일이다.

※ 공식축제일 외에 뮌헨, 팔츠 등 몇몇 도시와 주의 축제일인 성체절과
   같이 특정 주와 도시에서 정한 축제일도 많으므로 방문때마다
   체크할 것.

긴급사태

☯ 여권분실

독일의 한국대사관(☎ 02 28 26 79 60)에 연락한 후 즉시 여행자
증명서 발급신청을 한다. 여권용 사진(2매)을 휴대하고 만일을
위하여 여권번호는 복사해두거나 반드시 다른 수첩에 메모해
둔다.

☯ 여행자 수표분실

즉시 가까운 경찰서에 신고하여 분실증명서를 발급 받는다.
여권과 T/C구입 영수증을 가지고 독일에 있는 발권은행
지점에서 분실신고서를 작성하여 즉시 재발급 받는다. 이때에
T/C의 고유번호, 종류, 구입일, 구입은행점을 알아야 한다.
T/C의 상하단 사인란에 모두 사인을 하거나 전혀 사인을 안한
경우는 재발급되지 않으므로 유의해야 하고 T/C번호와 구입
영수증은 별도로 보관해야 한다.

☯ 신용카드분실

분실 사고시 즉시 독일의 경찰서에 신고를 하고 카드회사에
카드번호와 유효기간을 알린 후 분실처리를 요청한다. 언어에
자신이 없으면 한국의 해당 카드회사로 전화를 하여 분실신고를
하는 것이 제일 확실하다.

분실신고 연락처(서울)
- 국민카드 : 3700-2000
- 다이너스카드 : 222-6111
- 아메리칸익스프레스 : 552-7600
- BC카드 : 520-4515
- 외환카드 : 524-8282

☯ 현금분실

여행 도중에 현금을 분실하여 국내에서 송금 받을 때는 한국의
가족들에서 여권번호와 영문이름을 알려준 뒤 독일의
국내은행(한국외환은행)을 통하여 송금을 받을 수 있다.

◐ 항공권분실

항공사의 대리점에 가서 재발급 신청을 하면 항공사는 본사에
연락하여 발급 여부를 확인해 준다. 시간이 급할 때는 별도의
항공권을 구입한 후 귀국한 후 조회하여 환불받을 수 있으며,
이 때에는 현지에서 발급 받은 분실(도난)증명서가 필요하다.

◐ 소매치기

■가능한 한 여행자 수표를 사용하고 필요한 만큼의 현금과
 신용카드를 사용한다. 현금을 밖으로 내보이지 않는다.
■오토바이를 타고 뒤에서 접근하는 경우도 많다.
■핸드백은 손에 들고 다니지 말고 팔 밑에 끼워라.
■공중화장실이나 공중전화기에서는 문고리에 핸드백을 걸어
 놓지 말고 옆에 둔다.

◐ 교통사고

먼저 경찰서로 연락하고, 경찰서에서 꼭 사고 증명서를 받아
놓도록 한다. 보험 청구 시에 꼭 필요하다.
그리고 잘못이 확실히 가려질 때까지 'Entschuldigung(엔티슐디궁)
: 미안합니다.'라는 말을 사용하지 않도록 하고 잘못이 없을 때는
강력히 'Das ist nicht mein Fehler.(다스 이스트 니히트 마인 펠러) :
제 잘못이 아닙니다.'라고 말한다.

◐ 해외여행보험

해외여행 도중 불의의 사고로 인한 재난을 미리 대비한 해외
여행보험에는 상해보험과 질병보험, 항공기 납치, 도난보상보험
등이 있다. 상해보험은 여행중에 발생된 사고의 정도에 따라
보험금액의 한도내에서 보험금을 지급받는 것이며, 질병보험은
여행중에 질병으로 입원하게 되는 경우 입원비, 치료비 등을
받는 것이다. 보험 가입은 개인의 경우 각 공항에서 비행기탑승
전에 가입하면 되고 여행사에서 취급하는 해외여행 상품을
이용할 경우는 대부분이 보험료가 포함되어 있으므로 별도로
가입할 필요는 없다.

기본표현

GRUNDAUSDRÜCK

- 인사
- 기원
- 감사 · 사죄
- 자기소개
- 희망
- 제안 · 충고
- 약속
- 질문
- 가격
- 숫자
- 요일 · 달
- 시간 · 계절
- 가족 · 대명사

여행지에서 독일인들과 마주치면 아는 사람이 아닐지라도 먼저 웃으면서 'Hallo! : 안녕하세요'라고 인사 말을 건네고 헤어질 때는 'Auf Wiedersehen! : 안녕히 가세요'라고 하면 된다. 사람을 처음 소개 받았을 때는 'Sehr erfreut : 반갑습니다'라고 인사한다.

안녕!	할로 Hallo!
안녕하세요.(아침)	구텐 모르겐 Guten Morgen!
안녕하세요.(점심)	구텐 탁 Guten Tag!
안녕하세요.(저녁)	구텐 아벤트 Guten Abend!
안녕하세요?	그뤼쓰 곹 Grüß Gott!
안녕히 주무세요.	구테 나흐트 Gute Nacht!
안녕히 가세요.	아우프 비-더-제-엔 Auf Wiedersehen!
어떻게 지내십니까?	비- 게-트 에스 이-넨 Wie geht es Ihnen?
잘 지냅니다.	당케 굳 Danke, gut.
잘 지내지 못합니다.	미어 게-트 에스 니히트 조-굳 Mir geht es nicht so gut.
내일 봅시다.	비스 모르겐 Bis morgen!
다음에 봅시다.	비스 뎀낵스트 Bis demnächst!
잠시 후에 봅시다.	비스 발트 Bis bald!

기원

헤어지면서 작별인사에 곁들여 하는 말들이다. 이
렇게 말하면 더욱 정감있는 대화가 된다. 또한 술
좌석에서 술잔을 마주치면서 외치는 말도 알아두
면 많은 도움이 된다.

잘 지내!	막스 귿 Mach′s gut!
주말을 잘 보내세요!	쇠-네스 복헨엔데 Schönes Wochenende!
즐거운 시간이되기를!	필- 슈파-스 Viel Spaß!
좋은 여행이 되기를!	구테 파-르트 Gute Fahrt!
좋은 여행이 되기를!	구테 라이제 Gute Reise!
빨리 회복되기를!	구테 벳서룽 Gute Besserung!
성공을 빕니다.	필- 에어폴크 Viel Erfolg!
행운을 빕니다.	필- 글뤽 Viel Glück!
모든 일이 잘 되기를!	알레스 구-테 Alles Gute!
즐거운 성탄이 되기를!	프로에 바이나흐텐 Frohe Weihnachten!
좋은 새해가 되기를!	아인 구테스 노이에스 야-르 Ein gutes Neues Jahr!
건배!	아우프 이어 볼- Auf Ihr Wohl!
건배!	프로스트 Prost!
맛있게 드세요!	구텐 아페티-트 Guten Appetoit!

다른 사람의 친절에 감사할 때 가장 많이 쓰이는 표현이 'Danke schön : 감사합니다'이다. 구체적인 이유를 붙여서 말할 때는 'für'를 이용해서 'Vielen Dank für Ihre Hilfe : 도와주셔서 고맙습니다'와 같이 표현한다.

고맙습니다!	당케 Danke !
정말 감사드립니다.	필렌 당크 Vielen Dank.
대단히 감사합니다.	당케 [쇤 / 제어] Danke [schön / sehr]!
도와줘서대단히고맙습니다.	필-렌 당크 퓌어 이어레 힐페 Vielen Dank für Ihre Hilfe!
⇨ 천만에요.	니히츠 쭈 당켄 ⇨ Nichts zu danken!
제가 좋아서 한 일입니다.	게른 게쇠-엔 Gern geschehen!
⇨ 별 것 아닙니다.	니히트 데어 레-데 베르트 ⇨ Nicht der Rede wert!
죄송합니다.	엔트슐디궁 Entschuldigung!
실례합니다.	엔트슐디겐 지- 비테- Entschuldigen Sie bitte.
일부러 그런 것은 아닙니다.	에스 바 니히트 마이네 압지히트 Es war nicht meine Absicht.
⇨ 괜찮습니다.	다스 막흐트 니히츠 ⇨ Das macht nichts.
⇨ 상관없습니다.	카인 프로블렘 ⇨ Kein Problem!

자기소개

남에게 부탁을 할 때는 Bitte를 이용하여 간단한
표현을 사용하는 것도 좋지만 'Können Sie~?'나
'Würden Sie~?'와 같은 정중한 표현도 있다.
처음 만났을 때는 자신의 이름을 분명히 말하면서
악수를 하는 것이 보통이다.

제 이름은 김입니다.
마인 나메 이스트 김
Mein Name ist Kim.

만나서 반갑습니다.
이히 프로이에 미히 지- 켄넨쭈레르넨
Ich freue mich, Sie kennenzulernen.

독일에 오신 것을 환영합니다.
빌콤멘 인 도이칠란트
Willkommen in Deutschland!

저는 한국사람입니다.
이히 빈 [코레아너 / 코레아너린]
Ich bin 〔Koreaner (男)/ Koreanerin(女)〕.

학생입니다.
이히 빈 [슈투덴트 / 슈트덴틴]
Ich bin [Student / Studentin].

이곳은 처음입니다.
이히 빈 쭘 에르스텐 말 히어
Ich bin zum ersten Mal hier.

저는 30살입니다.
이히 빈 드라이씨히 야-레 알트
Ich bin dreißig Jahre alt.

저는 독일어를 잘 못합니다.
이히 칸 니히트 굴 도이취
Ich kann nicht gut Deutsch.

저는 미혼입니다.
이히 빈 레디히
Ich bin ledig.

저는 결혼했습니다.
이히 빈 페어하이라테-트
Ich bin verheiratet.

이 사람은 [제 처/제 남편]입니다.
다스 이스트 [마이네 프라우 / 마인 만]
Das ist 〔meine Frau/mein Mann〕.

독일에 온지 일주일되었습니다.
이히 빈 자이트 아이너 복헤 인 도이칠란트
Ich bin seit einer Woche in Deutschland.

유럽을여행하고 있습니다.
이히 라이제 두르히 오이로파
Ich reise durch Europa.

자신의 바램이나 희망을 나타내기 위해 'Ich möchte~'나 'Ich wünsche~'와 같은 구문을 이용한다. 원하지 않을 때는 우선 nein으로 답하고, 부정을 나타내는 'nicht'를 동사 앞에 사용해서 말한다. 그러나 간단하게 주로 쓰이는 것은 'nein danke : 고맙지만 사양하겠습니다'이다.

가져도 됩니까?	다르프 이히 다스 하벤 Darf ich das haben?
만져봐도 됩니까?	다르프 이히 다스 프로비어렌 Darf ich das probieren?
무엇을 드시고 싶습니까?	바스 뫼히텐 지- 에쎈 Was möchten Sie essen?
커피를 마시고 싶습니다.	이히 뫼히테 아이네 타쎄 카페 트링켄 Ich möchte eine Tasse Kaffee trinken?
카메라를 사고 싶습니다.	이히 뫼히테 아이네 카메라 카우펜 Ich möchte eine Kamera kaufen.
영화를 보고 싶습니다.	이히 뫼히테 아이넨 필름 제-엔 Ich möchte einen Film sehen.
잠자고 싶습니다.	이히 뫼히테 슐라펜 Ich möchte schlafen.
당신이 함께 가기를 바랍니다.	다르프 이히 지- 베글라이텐 Darf ich Sie begleiten?
당신을 만나기를 고대합니다.	이히 프로이에 미히 다라우프 디히 비-더쭈제-엔 Ich freue mich darauf, dich wiederzusehen.
빨리 회복되기를 바랍니다.	구테 벳서룽 Gute Besserung.
가고 싶지 않습니다.	이히 뫼히테 니히트 게-엔 Ich möchte nicht gehen.
슐츠씨와 이야기하고 싶습니다.	이히 뫼히테 헤른 슐츠 슈프레헨 Ich möchte Herrn Schulze sprechen.
혼자 있고 싶습니다.	이히 뫼히테 알라인 자인 Ich möchte allein sein.

제안·충고

상대방에게 제안을 할 때는 'Wollen wir~?: ~하는게 어때요?'라는 구문을 이용하여 말하고, 또한 친한 사이라면 'Lassen wir~?: ~합시다'는 구문을 써서 말한다.

한 잔하시겠습니까?	볼렌 비어 에트바스 트링켄 Wollen wir etwas trinken?
연주회에 가시겠습니까?	볼렌 비어 인스 콘체르트 게-엔 Wollen wir ins Konzert gehen?
춤추시겠습니까?	볼렌 비어 탄쩬 Wollen wir tanzen?
쇼핑하러 가시겠습니까?	볼렌 비어 에트바스 아인카우펜 Wollen wir etwas einkaufen?
식사하러 가시겠습니까?	볼렌 비어 인스 레스토랑 게-엔 Wollen wir ins Restaurant gehen?
오늘밤에 만납시다.	라쓰 운스 호이테 아벤트 트레펜 Laß uns heute abend treffen.
갑시다.	라쓰 운스 게-엔 Laß uns gehen.
각자 계산합시다.	게벤 지- 운스 게트렌트 레히눙엔 Geben Sie uns getrennt Rechnungen.
치과에 가보지 그래요?	지- 졸렌 쭘 짠아르츠트 게-엔 Sie Sollen zum Zahnarzt gehen?
침착하십시오.	지- 졸텐 루-에 할텐 Sie sollten Ruhe halten.
진정하십시오.	베루-이겐 지- 지히 Beruhigen Sie sich.
⇨ 좋은 생각입니다.	다스 이스트 아이네 구테 이테 ⇨ Das ist eine gute Idee.
⇨ 그다지 나쁘진 않군요.	에스 게-트 ⇨ Es geht.

남의 집을 방문 할 때는 미리 약속을 하고 가야하고, 간단한 선물을 준비하면 좋고 약속 시간에 늦지 않도록 주의한다.
약속을 정할 때는 시간이나 장소 등이 혼동되지 않도록 정확하게 확인을 해야 한다.

내일 만날 수 있습니까?	이히 뫼히테 지- 모르겐 비-더제-엔 Ich möchte Sie morgen wiedersehen.
오후에 시간이 있습니까?	하벤 지- 짜이트 호이테 나흐밋탁 Haben Sie Zeit heute nachmittag?
어디에서 만날까요?	보- 트레펜 비어 운스 Wo treffen wir uns?
⇨ 극장 앞에서 만납시다.	포어 뎀 키노 ⇨ Vor dem Kino.
댁을 방문하고 싶군요.	이히 뫼히테 지- 베죽헨 Ich möchte Sie besuchen.
⇨ 좋습니다.	게른 ⇨ Gern.
몇 시가 좋습니까?	반 칸 이히 지- 베죽헨 Wann kann ich Sie besuchen?
⇨ 언제라도 좋습니다.	에갈 ⇨ Egal.
⇨ 5시가 좋습니다.	움 퓐프 우어 ⇨ Um 5 uhr.
⇨ 3시 30분까지 오십시오.	비스 할프 피어 ⇨ Bis 3:30 Uhr.
3월 21일입니다.	비어 하벤 호이테 덴 아인운트쯔반찌히스텐매르쯔 Wir haben heute den 21. März.
금요일입니다.	호이테 이스트 프라이탁 Heute ist Freitag.
그 때 봅시다.	비스 단 Bis dann.

질문

처음 만나는 독일인에게는 개인의 신상에 관한 일과 결혼 유무를 묻는 것은 우리와 달리 에티켓에 어긋나므로 직설적으로 묻지 않도록 한다.

▼ 신상

질문이 있습니다.	이히 하베 아이네 프라게 Ich habe eine Frage.
성함이 무엇입니까?	비- 하이쎈 지- Wie heißen Sie?
무슨 일을 하십니까?	바스 진트 지- 폰 베루프 Was sind Sie von Beruf?
몇 살이십니까?	비 알트 진트 지- Wie alt sind Sie?
⇨ 스물일곱입니다.	이히 빈 지-벤운트쯔반찌히 야레 알트 Ich bin 27 Jahre alt.
독일어를 할 줄 압니까?	쾬넨 지 도이치 슈프레헨 Können Sie deutsch sprechen?
⇨ 네, 조금 할 줄 압니다.	야 누어 아인 비쓰헨 Ja, nur ein bißchen.
⇨ 아니오, 못합니다.	나인 이히 칸 에스 니히트 Nein, ich kann es nicht.
전화번호는 몇 번입니까?	벨헤 텔레폰눔머 하벤 지- Welhe Telefonnummer haben Sie?
어떤 취미를 갖고계십니까?	바스 퓌어 호비스 하벤 지- Was für Hobbys haben Sie?
아이가 있습니까?	하벤 지- 킨더 Haben Sie Kinder?
형제관계는 어떻게 됩니까?	비 필-레 게슈비스터 하-벤 지- Wie viele Geschwister haben Sie?
혼자 사십니까?	레-벤 지- 알라인 Leben Sie allein?

오늘은 몇 일입니까?
벨헤스 다툼 하-벤 비어 호이테
Welches Datum haben wir heute?

⇨ 10월 20일입니다.
비어 하벤 호이테 덴 쯔반찌히스텐 옥토버
⇨ Wir haben heute den 20. Oktober.

무슨 요일입니까?
바스 퓌어 아이넨 탁 하벤 비어 호이테
Was für einen Tag haben wir heute?

⇨ 금요일입니다.
비어 하벤 호이테 프라이탁
⇨ Wir haben heute Freitag.

지금 몇 시입니까?
비-필 우어 이스트 에스
Wieviel Uhr ist es?

⇨ 3시 15분입니다.
피어텔 나흐 드라이
⇨ Viertel nach drei.

시간 있습니까?
하젠 지- 짜이트
Haben Sie Zeit?

언제 도착했습니까?
반 콤멘 지- 안
Wann kommen Sie an?

▼ 장소

어디에서 왔습니까?
보-헤어 콤멘 지-
Woher kommen Sie?

⇨ 한국의 서울에서 왔습니다.
이히 콤메 아우스 서울 인 코레아
⇨ Ich komme aus Seoul in Korea.

어디에서 사십니까?
보- 보넨 지-
Wo wohnen Sie?

주소가 어떻게 됩니까?
비- 이스트 이어레 아드레쎄
Wie ist Ihre Adresse?

여기가 어디입니까?
보- 빈 이히
Wo bin ich?

이 근처에 은행이 있습니까?
깁트 에스 아이네 방크 인 데어 내-에
Gibt es eine Bank in der Nähe?

⇨ 네, 역 앞에 있습니다.
야 포어 뎀 반호프
⇨ Ja, vor dem Bahnhof.

가격

해외여행에서 가장 신경쓰이는 것이 금전에 관한 문제이다. 가게나 식당 등에서 계산을 할 때 알아야 할 필수적인 표현들을 알아보자.
대부분 정찰제로 판매되지만 경우에 따라 할인을 받을 수 있다.

얼마입니까?
바스 코스테트 다스
Was kostet das?

모두 얼마입니까?
비필 코스테트 다스 쭈잠멘
Wieviel kostet das zusammen?

15마르크입니다.
다스 코스테트 퓐프찌히 마르크
Das kostet 15 DM.

비쌉니다.
다스 이스트 토이어
Das ist teuer.

↳ 비싸지 않습니다.
다스 이스트 니히트 토이어
⇨ Das ist nicht teuer.

할인이 됩니까?
쾬테 이히 에스 에트바스 빌리거 베콤멘
Könnte ich es etwas billiger bekommen?

⇨ 아주 쌉니다.
다스 이스트 제어 빌리히
⇨ Das ist sehr billig.

이것이 정가입니다.
(다스 이스트) 아인 페스트프라이스
(Das ist) der Festpreis.

⇨ 제 예산은 10마르크입니다.
이히 하베 누어 쩬 마르크 바이 미어
⇨ Ich habe nur 10 DM bei mir.

거스름돈을 받지 않았습니다.
이히 하베 마인 벡셀겔트 노흐 니히트
Ich habe mein Wechselgeld noch nicht.

계산이 맞지 않습니다.
디- 레히눙 슈팀트 니히트.
Die Rechnung stimmt nicht.

여행자수표도 되겠습니까?
칸 이히 밑 라이제쉑스 베짤렌
Kann ich mit Reiseschecks bezahlen?

영수증을 주십시오.
아이네 크비퉁 비테
Eine Quittung bitte.

0	영	null	[눌]
1	첫번째	eins / erst	[아인스/에어스트]
2	두번째	zwei / zweit	[쯔바이 / 쯔바이트]
3	세번째	drei / dritt	[드라이/드리트]
4	네번째	vier / viert	[피어/피어트]
5	다섯번째	fünf / fünft	[퓐프/퓐프트]
6	여섯번째	sechs / sechst	[젝스/젝스트]
7	일곱번째	sieben / siebt	[지-벤/집-트]
8	여덟번째	acht / acht	[아흐트/아흐트]
9	아홉번째	neun / neunt	[노인/노인트]
10	열번째	zehn / zehnt	[쩬/쩬트]
11	열한번째	elf / elft	[엘프/엘프트]
12	열두번째	zwölf / zwöft	[쯔뷜프/쯔뷜프트]
13	열세번째	dreizehn / dreizehnt	[드라이쩨엔/드라이쩨엔트]
14	열네번째	vierzehn / vierzehnt	[피어쩨엔/피어쩨엔트]
15	열다섯번째	fünfzehn / fünfzehnt	[퓐프제엔/퓐프쩨엔트]
16	열여섯번째	sechzehn / sechzehnt	[제히쩨엔/제히쩨엔트]
17	열일곱번째	siebzehn / siebzehnt	[집-쩬엔/집-쩬엔트]
18	열여덟번째	achtzehn / achtzehnt	[아흐쩨엔/아흐쩨엔트]
19	열아홉번째	neunzehn / neunzehnt	[노인쩬엔/노인쩨엔트]
20	스무번째	zwanzig / zwanzigst	[쯔반찌히/쯔반지히스트]
21	스물한번째	einundzwanzig / einundzwanzigst [아인운트쯔반지히/아인운트쯔반지히스트]	
30	서른번째	dreißig / dreißigst	[드라이씨히/드라이씨히스트]

40	마흔번째	vierzig / vierzigst [피어찌히/피어지히스트]
50	쉰번째	fünfzig / fünfzigst [퓐프찌히/퓐프찌히스트]
60	예순번째	sechzig / sechzigst [젝스찌히/젝스찌히스트]
70	일흔번째	siebzig / siebzigst [집-찌히/집-찌히스트]
80	여든번째	achtzig / achtzigst [아흐트찌히/아흐트찌히스트]
90	아흔번째	neunzig / neunzigst [노인찌히/노인찌히스트]
100	백번째	einhundert / hunderst [아인훈더르트/훈더르스트]
1,000		eintausend / tausendst [아인타운젠트/타운젠트스트]
1000,000		eine Million [아이네 밀리온]
2배		zweimal [쯔바이말]
반(½)		ein halb [아인 할프]
한 번		einmal [아인말]
두 번		zweimal [쯔바이말]
세 번		dreimal [드라이말]
1997(년도)		neunzehn hundert siebenundneunzig [노인쩨엔 훈데르트 지-벤운트노인찌히] ※연도는 보통 두자리씩 끊어 읽는다.
123-4567 (전화번호)		eins zwo drei vier fünf sechs sieben [아인스 쯔보 드라이 피어 퓐프 젝스 지-벤]
Room 713 (방번호)		sieben eins drei [지-벤 아인스 드라이]

기본표현

주(週)	WOCHE
일요일	Sonntag [존탁]
월요일	Montag [몬탁]
화요일	Dienstag [딘-스탁]
수요일	Mittwoch [미트보흐]
목요일	Donnerstag [돈너스탁]
금요일	Freitag [프라이탁]
토요일	Samstag [잠스탁]
이번 주	in dieser Woche [인 디-저 복헤]
다음 주	in der nächsten Woche [인 데어 넥스텐]
지난 주	in der letzten Woche [인 데어 레츠텐]

달(月)	MONAT
1월	Janur [야누아-르]
2월	Februar [페-브루아-르]
3월	März [매르쯔]
4월	April [아프릴]
5월	Mai [마이]
6월	Juni [유-니]
7월	Juli [율-리]
8월	August [아우구스트]
9월	September [젭템버]
10월	Oktober [옥토-버]
11월	November [노벰버]
12월	Dezember [데쩸버]
이달	im diesem Monat [임 디-젬 모나트]
다음 달	im nächsten Monat [임 넥스템 모나트]
지난 달	im letzten Monat [임 레츠텐 모나트]

■ 시간 · 계절

시간	ZEIT
1시간	eine Stunde [아이네 슈툰데]
반시간	eine Halb [아이네 할프]
분	Minuten [미누텐]
초	Sekunden [제쿤덴]
오전	Vormittag [포어미탁]
정오	Tag [탁]
오후	Nachmittag [나흐미탁]
저녁	Abend [아벤트]
밤	Nacht [나흐트]
오늘밤	heute abend [호이테 아벤트]
그저께	vorgestern [포어게스터른]
어제	gestern [게스터른]
오늘	heute [호이테]
내일	morgen [모르겐]
모레	übermorgen [위버모르겐]

계절	JAHRESZEITEN
봄	Frühling [프뤼-링]
여름	Sommer [좀머]
가을	Herbst [헤릅스트]
겨울	Winter [빈터]

가족		FAMILIE	
할머니	Großmutter [그로스뭍터]	손녀	Enkeltochter [엥켈토흐터]
할아버지	Großvater [그로스파터]	사위	Schwiegersohn [슈비거존-]
부모	Eltern [엘터른]	며느리	Schwiegertochter [슈비거토흐터]
아버지	Vater [파터]	조카	Neffe [네페]
어머니	Mutter [무터]	질녀	Nichte [니히테]
아내	Frau [푸라우]	사촌	Vetter [페터]
남편	Mann [만]	아저씨	Onkel [옹켈]
형제	Bruder [브루더]	아주머니	Tante [탄테]
자매	Schwester [슈베스터]	남자	Mann [만]
아들	Sohn [존-]	여자	Frau [프라우]
딸	Tochter [토흐터]	소년	Knabe [크나베]
손자	Enkelsohn [엥켈존-]	소녀	Mädchen [메트헨]

대명사		PRONOMEN	
나	ich [이히]	그녀의	ihr [이-어]
나의	mein [마인]	우리	wir [비어]
당신	du [두]	우리의	unser [운저]
당신의	dein [다인]	당신들	ihr [이-어]
그	er [에어]	당신들의	euch [오이히]
그의	sein [자인]	그들	Sie [지-]
그녀	sie [지-]	그들의	Ihr [이-어]

출 국
A B F A H R T

국제선을 이용하여 출국을 하려면 2시간 전에 공항에 도착하여 수속을 밟아야 한다.

김포 국제공항은 Lufthansa(루프트한자)사가 사용하는 제1청사(구청사)와 대한항공이 사용하는 제2청사(신청사)로 구분되어 있으므로 미리 해당 항공사의 출발 청사를 확인하여 착오가 없도록 한다.

출국순서

탑승수속

여권, 항공권을 가지고 해당 항공사 데스크로 간다. 수화물이 있으면 탁송하고 Baggage Tag(탁송화물표)과 Boarding pass(탑승권)를 받는다.

보안검사

수화물과 몸에 X선을 비춰 금속류와 흉기를 검사한다. 필름은 손상되지 않는다.

세관신고

귀중품과 고가품은 반드시 세관에 신고하고 '휴대품 반출 확인서'를 받아야 귀국시 세금을 면제받는다.

출국심사

미리 작성한 E/D(출입국카드)를 여권과 탑승권과 함께 제시한다. 여권에 출국 스탬프를 찍고 입국카드, 탑승권은 되돌려 준다.

탑승대기

Duty free(면세점)을 이용할 수 있고 해당 Gate(탑승구) 앞에서 출발 30분전까지 기다리면 된다.

■ 출입국카드(E/D)

항공권 구입시 같이 제공되므로 미리 작성하는 것이 좋으며
항공사 데스크에도 준비되어 있다.

■ 공항세(Airport Tax)

공항내 은행이나 항공사에서 판매하고 출국장 입장시 제출한다.

공항 ▶
면세점

■ 면세점(Duty free)

시중의 면세점에서 구입한 물품을 교부 받거나 필요한 양주나
기념품, 선물 등을 면세 가격으로 구입할 수 있다. 여분의
필름을 구입하는 것이 요령이며, 장기간 여행을 한다면 김치나
젓갈류도 구입할 수 있다.

기내에서

■ 지정좌석

자신의 탑승권에 적힌 좌석에 앉아서 휴대품은 선반이나 의자
밑에 놓는다. 이륙후 주위에 빈자리가 있으면 옮겨 앉아도 된다.
좌석의 종류는 First Class(일등석), Business Class, Prestige
Class(프레스티지 클래스), Economy Class(이등석)으로 나뉜다.

■ 기내 서비스

서울과 프랑크푸르트 간의 국제선 기내에서는 식사, 음료수,
주류 등이 무료로 제공되며 음악과 영화, 신문, 잡지 등을 볼 수
있으며 간단한 구급약품도 준비되어 있다.

# 출국

항공편 예약

단체여행의 항공사 예약은 보통 여행사에서 대행 해 주는 경우가 많다. 하지만 개인적으로 여행하는 경우에 출국하기 3일(72시간) 전에 꼭 예약을 재확인을 하도록 한다.

 **자주 쓰이는 표현** 

Q **여보세요. 루프트한자입니다.**
할로 히어 이스트 루프트한자
Hallo, hier ist Lufthansa.

⇨ **예약을 하고 싶습니다.**
이히 뫼히테 레저비-렌
Ich möchte reservieren.

안눌리-렌
- 예약을 취소하다 annullieren

움북헨
- 예약을 변경하다 umbuchen

Q **어느날 티켓을 원하십니까?**
반 이스트 데어 압플룩
Wann ist der Abflug?

⇨ **이번 주 금요일입니다.**
암 프라이탁
Am Freitag.

몬탁
- 월요일 Montag

딘스탁
- 화요일 Dienstag

잠스탁
- 토요일 Samstag

존탁
- 일요일 Sonntag

K **예약을 확인하고 싶습니다.**
쾬텐 지- 마이넨 플룩 베슈테티겐
Könnten Sie meinen Flug bestätigen?

F **언제입니까?**
반 이스트 데어 플룩
Wann ist der Flug?

⇨ **8월 30일입니다.**
암 드라이씨히스텐 아우구스트
Am 30 August.

F **이름을 부탁합니다.**
이어렌 나멘 비테
Ihren Namen bitte.

⇨ **홍길동입니다.**
홍길동
Hong, Gil-Dong.

F **예약이 되어 있습니다.**
인 오르트눙 이어 플룩 이스트 베슈테틱트
In Ordnung. Ihr Flug ist bestätigt.

K **예약을 변경하고 싶습니다.**
이히 뫼히테 마이네 레저비어-룽 앤더른
Ich möchte meine Reservierung ändern.

F **티켓을 가지고 계십니까?**
하벤 지- 아이네 플룩카르테
Haben Sie eine Flugkarte?

F **어느날 티켓을 원하십니까?**
반 이스트 데어 압플룩
Wann ist der Abflug?

F **8월 29일은 만원입니다.**
데어 플룩 암 노인운트쯔반지히스텐 아우구스트 이스트 아우스게부흐트
Der Flug am 29. August ist ausgebucht.

F **8월 30일에는 빈 좌석이 있습니다.**
비어 쾬넨 이-넨 아이넨 지츠플라츠 암 드라이씨히스텐 아우구스트 게벤
Wir können Ihnen einen Sitzplatz am 30 August geben.

⇨ **그러면 그걸 주십시오.**
이히 네메 인
Ich nehme ihn.

K **[금연석 / 흡연석]을 부탁합니다.**
[니히트라우허 / 라우허] 비테
[Nichtraucher / Raucher] bitte.

K **창가쪽의 자리를 부탁합니다.**
아이넨 펜스터플라츠 비테
Einen Fensterplatz bitte.

K **루프트한자의 카운터는 어디입니까?**
보- 이스트 데어 솰터 데어 루프트한자
Wo ist der Schalter der Lufthansa?

K **짐은 전부 2개입니다.**
이히 하베 쯔바이 코퍼
Ich habe zwei Koffer.

K **몇 번 게이트인지 말씀해 주십시오.**
쭈 벨헨 게이트 무쓰 이히 게-엔
Zu welchen Gate muß ich gehen?

⇨ **5번 게이트입니다.**
게이트 퓐프 비테
Gate 5, bitte!

- ◆공항 : Flughafen [플룩하펜]
- ◆항공회사 : Fluggesellschaft [플룩게젤샤프트]
- ◆비행시간 : Flugdauer [플룩다우어]
- ◆운행시간표 : Flugplan [플룩플란]
- ◆예약 : Reservierung [레저비-룽]
- ◆항공권 : Flugkarte [플룩카르테]
- ◆탑승권 : Bordkarte [보르트카르테]
- ◆탑승객 : Fahrgast [파-가스트]
- ◆금연석 : Nichtraucher [니히트라우허]
- ◆흡연석 : Raucher [라우허]
- ◆창가쪽 : Am Fenster [암 펜스터]
- ◆통로쪽 : Am Gang [암 강]
- ◆카운터 : Schalter [쇨터]
- ◆탑승구 : Flugsteig [플룩슈타익]
- ◆수화물 : Handgepack [한트게팩]
- ◆예약 변경 : umbuchen [움북헨]

i 독일의 여름은 우리나라의 9월과 비슷하므로 긴팔 옷 한 두 벌 정도 필요하고, 밤 9시가 넘어서도 어둡지 않아 여행을 하기에 적당하다.
겨울은 지역에 따라 기온차가 심한데 동부와 중부 이남은 상당히 추운편이며 북부가 오히려 온화하다.

F 여보세요, 루프트한자입니다.

할로 히어 이스트 루프트한자
Hallo, hier ist Lufthansa.

K 프랑크푸르트으로 가는 표를 예약하고 싶습니다.

이히 뫼히테 아이넨 플라츠 임 플루쪼익 나흐
Ich möchte einen Platz im Flugzeug nach

프랑크푸르트 레저어렌
Frankfurt reservieren.

F 언제 출발하실겁니까?

반 이스트 데어 플룩
Wann ist der Flug?

K 이번 주 수요일이에요.

암 미트보흐
Am Mittwoch.

F 성함을 가르쳐주세요.

이어렌 나멘 비테
Ihren Namen, bitte.

K ㅎㅗㅇ ㄱㅣㄹ ㄷㅗㅇ 입니다.

마인 나메 이스트 홍길동(하오엔게 게이엘-데오엔게)
Mein Name ist Hong, Gil-Dong.

F 편도입니까, 왕복입니까?

아이네 아인파헤 플룩카르테 오더 뤽플룩카르테
Eine einfache Flugkarte oder Rückflugkarte?

K 편도입니다.

아이네 아인파헤 플룩카르테
Eine einfache Flugkarte.

출국

 # 출국

불편한 점, 의문사항이 있을 때는 서슴치 않고 승무원에게
도움을 요청하자. 기내에는 비상약품이 구비되어 있고 독일까지
직행노선일 때는 13시간이고 경우노선일 때는 15시간이
걸린다.

 ## 자주 쓰이는 표현 

Q **이것은 어떻게 사용합니까?**

비 칸 만 다스 베누쩬
Wie kann man das benutzen?

⇨ **이것을 누르세요.**

드뤼켄 지- 다스 쭈
Drücken Sie das zu!

쉬-벤 ~ 쭈
- **미세요** schieben~zu

라쎈 ~ 쯔뤽
- **젖히세요** lassen~zurück

찌-엔 ~ 쭈
- **당기세요.** ziehen~zu

Q **담배를 피워도 됩니까?**

다르프 이히 라우헨
Darf ich rauchen?

⇨ **네, 됩니다.**

야 게비쓰
Ja, gewiß.

포어바이게-엔
- **지나가다** vorbeigehen

미히 힌레겐
- **눕히다** mich hinlegen

출국

F 안전벨트를 착용해 주세요!

레겐 지- 비테 이어렌 지허하이츠구르트 안
Legen Sie bitte Ihren Sicherheitsgurt an!

F 의자를 반듯이 세워주세요!

슈텔렌 지- 비테 이어렌 지쯔 아우프레히트
Stellen Sie bitte Ihren Sitz aufrecht!

F 화장실은 뒷쪽에 있습니다.

디 토와레텐 베핀덴 지히 힌텐
Die Toiletten befinden sich hinten.

K 죄송합니다, 길을 비켜주세요.

엔트슐디겐 지- 비테 다르프 이히 아인말 두르히
Entschuldigen Sie bitte, darf ich einmal durch?

K 들어가도 되겠습니까?

다르프 이히 비테 말 포-바이
Darf ich bitte mal vorbei?

K 등받이를 젖혀도 됩니까?

다르프 이히 마이넨 지쯔 쯔뤽슈텔렌
Darf ich meinen Sitz zurückstellen?

K 베게와 담요를 부탁합니다.

이히 해테 게른 아인 코프키쎈 운트 아이네 데케
Ich hätte gern ein Kopfkissen und eine Decke.

K 이 이어폰이 작동하지 않습니다.

디-저 코프회-러 풍치오니어트 니히트
Dieser Kopfhörer funktioniert nicht.

K 면세품을 기내에서 팝니까?

페어카우펜 지- 임 플룩쪼익 쫄프라이에 바렌
Verkaufen Sie im Flugzeug zollfreie Waren?

K 이 양식을 기재하는 방식을 가르쳐 주십시오.

자-겐 지- 미어 비테 비- 이히 디-제스 포르뮬라-아우스퓔-렌 졸
Sagen Sie mir bitte, wie ich dieses Formular ausfüllen soll.

K 실례합니다.

엔트슐디겐 지
Entschuldigen Sie.

F 예, 무엇을 도와드릴까요?

야 바스 뫼히텐 지
Ja, was möchten Sie?

K 이어폰이 어디에 있습니까?

보 이스트 데어 코프회-러
Wo ist der Kopfhörer?

F 좌석포켓 안에 있습니다.

데어 코프회-러 이스트 인 데어 플라츠타쉐
Der Kopfhörer ist in der Platztasche.

K 어디에 꽂아야합니까?

보힌 무쓰 이히 덴 슈테켄
Wohin muß ich den stecken?

F 여기에 꽂으시고 볼륨은 이것으로 쪼절하십시오.

지- 쾬넨 인 다힌아인 슈테켄
Sie können ihn dahinein stecken,

운트 다밑 라우트슈태르케 콘트롤리어렌
und damit Lautstärke kontrollieren.

K 네, 고맙습니다.

당케 쇤
Danke schön.

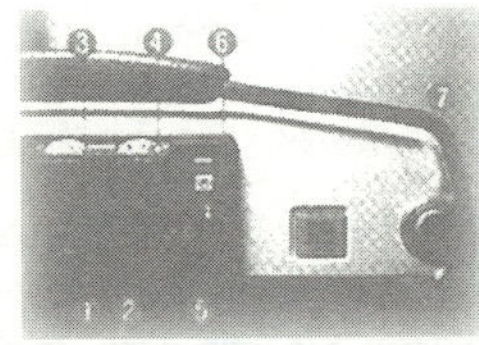

기내조절장치 ▶

출국

시차(7~8)를 빨리 극복할 수 있는 방법 중의 하나는 물을 많이 마시는 것이다. 주류는 무료로 제공되지만 지상에서 보다 빨리 취하므로 많은 알콜섭취는 가급적 적게 마시도록 한다.

 **자주 쓰이는 표현** •••••••••••••••••••••• 

Ⓠ **마실 것을 원하십니까?**
뫼히텐 지- 에트바스 트링켄
Möchten Sie etwas trinken?

⇨ **물 한 잔 주십시오.**
비테 아인 글라스 밧서
Bitte ein Glas Wasser.

비어
• 맥주 **Bier**

로-트바인
• 적포도주 **Rotwein**

오랑젠자프트
• 오렌지쥬스 **Orangensaft**

미네랄밧서
• 탄산수 **Mineralwasser**

Ⓠ **어디가 아프십니까?**
바스 펠트 이-넨
Was fehlt Ihnen?

⇨ **배가 아픕니다.**
이히 하베 바으흐슈메르쩬
Ich habe Bauchschmerzen.

짠-슈메르쩬
• 이빨 **Zahnschmerzen**

피-버
• 열 **Fieber**

두르히팔
• 설사 **Durchfall**

할스슈메르쩬
• 목 **Halsschmerzen**

Ⓚ 식사는 언제 나옵니까?
반 비르트 임 플룩쪼익 에쎈 제르비어트
Wann wird im Flugzeug Essen serviert?

⇨ 6시에 나옵니다.
움 젝스 우어
Um sechs Uhr.

Ⓚ 메뉴는 무엇입니까?
바스 깁트 에스 쭘 에쎈
Was gibt es zum Essen?

⇨ 소세지와 빵입니다.
부어스트 운트 브로트
Wurst und Brot.

Ⓚ 술은 무료입니까?
깁트 에스 알코올리쉐 게트랭케 프라이
Gibt es alkoholische Getränke frei?

Ⓚ 속이 좋지 않습니다.
이히 퓔-레 미히 니히트 볼-
Ich fühle mich nicht wohl.

Ⓚ 머리가 아픕니다.
이히 하베 코프슈메르쩬
Ich habe Kopfschmerzen.

Ⓚ 비행기 멀미를 자주합니다.
이히 베르데 라이히트 루프트크랑크
Ich werde leicht luftkrank.

Ⓚ 어지럽습니다.
미어 이스트 슈빈들리히
Mir ist schwindlig.

Ⓚ 약을 주실 수 있습니까?
쾬넨 지- 미어 아인 미텔 다게겐 게-벤
Können Sie mir ein Mittel dagegen geben?

- ◆이륙 : **Abflug** [압플룩]
- ◆착륙 : **Landung** [란둥]
- ◆기장 : **Kapitän** [카피텐]
- ◆남자승무원 : **Steward** [슈테바르트]
- ◆여자승무원 : **Stewardess** [슈테바르데스]
- ◆시차 : **Zeitunterschied** [짜이트운터쉬-트]
- ◆현지시간 : **Ortszeit** [오르츠짜이트]
- ◆담요 : **Decke** [데케]
- ◆베개 : **Kissen** [키쎈]
- ◆이어폰 : **Kopfhörer** [코프회-러]
- ◆잡지 : **Zeitschrift** [짜이트슈리프트]
- ◆멀미주머니 : **Spucktüte** [슈푹튀테]
- ◆호출버튼 : **Rufknopf** [루프크노프]
- ◆독서등 : **Leselampe** [레-세람페]
- ◆안전벨트 착용 : **Bitte Anschnallen** [비테 안슈날렌]
- ◆비상구 : **Notausgang** [노트아우스강]
- ◆구명조끼 : **Schwimmweste** [슈빔베스테]
- ◆산소마스크 : **Sauerstoffmaske** [자우어슈토프마스케]
- ◆화장실 : **Toilette** [토와-레테]
- ◆비어있음 : **FREI** [프라이]
- ◆사용중 : **BESETZT** [페제츠트]
- ◆금연 : **Rauchen verboten** [라우헨 페어보텐]
- ◆좌석번호 : **Platznummer** [플라츠눔머]
- ◆기내반입화물 : **Handgepäck** [한트게팩]

K 마실 것을 좀 주시겠습니까?
퀴넨 지- 미어 에트바스 쭈 트링켄 게벤
Können Sie mir etwas zu trinken geben?

F 네, 무엇을 드릴까요?
바스 뫼히텐 지- 트링켄
Was möchten Sie trinken?

K 오렌지쭈스를 주십시오.
비테 아인 글라스 오랑젠자프트
Bitte ein Glas Orangensaft.

F 네, 잠깐만 기다려 주십시오.
야 아이넨 모멘트 비테
Ja, einen Moment bitte.

*　　　*　　　*

F 여기 있습니다. 그 밖에 또 필요하신 게 있습니까?
뷘셴 지- 존스트 노호 에트바스
Wünschen Sie sonst noch etwas?

K 식사는 언제 나옵니까?
반 비어트 임 플룩쪼익 제비어트
Wann wird im Flugzeug serviert?

F 1시간 후에 나옵니다.
인 아이네 슈툰데
In eine Stunde.

기내식사 ▶
(이코노미석)

입국
E I N R E I S E

유럽으로 입국할 때는 어느나라나 거의 똑같이 입국수속이 매우 간단하며 별다른 수속 없이 입국을 할 수 있다. 대한민국 여권을 소지하였으면 3개월(90일)간 비자 없이 입국할 수 있다. 독일은 출입국카드와 세관신고서가 필요 없다.

입국순서

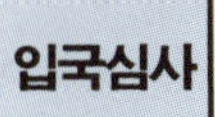

입국심사

독일에서의 입국절차는 비교적 간단하므로 공항으로 입국하는 경우 입국심사대에서 여권만 제시하면 된다.또 유럽연합에 속하는 국민들과 그외의 국민들은 입국심사대가 다르다.

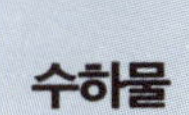

수하물

입국심사를 끝내면 Baggage Claim이라고 쓴 안내가 있는 곳으로 가서 이용한 비행기 편명이 턴테이블에서 짐을 찾는다.만약 수하물을 못 찾은 경우에는 체크인할 때 받은 Claim tag (수하물증)을 직원에게 보여주고 찾아 달라고 한다.

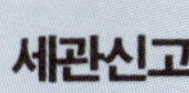

세관신고

관광객에게는 비교적 간단히 한다. 신고할 물품이 없는 경우에는 녹색창구로 신고할 물품이 있는 경우에는 적색창구로 가면 된다.

통과(Transit)

목적지까지 가는 도중에 다른 국가의 공항에 들렀다 가는 경우가 있다. 이는 연료나 물의 보급을 위한 것인데 Transit

(통과)라고 불리운다. 공항에 머무르는 동안에 대개 기내청소를
하기 때문에 일단 비행기 밖으로 나가 대합실에서 대기한다.

환승(Transfer)

Transit(통과)에 대해 도중에 공항에서 다른 비행기로 갈아
타는 것을 transfer(환승)라고 부른다. 목적지까지의 직행편을
가지고 있지 않는 항공회사의 비행기를 이용하는 경우, 일단 그
항공회사의 자국으로 가서 그곳에서 다른 비행기로 갈아타고
최종 목적지까지 간다. 그리고 맡긴 수하물은 체크인 할 때에
"통과(through)취급"으로 해 두면 최종 목적지까지
"No-touch"로 운반해 준다.

환전(Geldwechsel)

■ 통화

통화단위는 Deutshe Mark(독일마르크 : DM)와 Pfennig(페니히 :
Pf)로 1 DM(마르크)는 100페니히(Pf)이다. 지폐는 5, 10, 20, 50,
100, 200, 500, 1000 DM이고 공중전화나 유료화장실에
사용되는 동전은 1, 2, 5, 10, 50Pf 1, 2, 5DM의 8종류가 있다.

■ 환전

주요 철도역, 공항의
환전소에서 T/C
(여행자 수표)를
현금화하는 데는
수수료를 필요로 한다.
50 DM에 2 DM, 100
DM에 5 DM
정도이지만 Deutsche
Bank(독일은행)에서
는 수수료를 받지
않는다. 은행의 영업시간은 월~금요일까지 9:00~13:00시,
13:00~14:30은 식사시간, 14:30~16:00(목:~17시 30분)까지
영업한다.

입국

독일을 비롯한 EU국가의 입국절차는 비교적 간단하므로
공항을 통해 입국할 경우 입국심사대에 여권만 제출하면 된다.
입국심사에서는 주로 체재일수와 방문 목적을 묻는다.

 **자주 쓰이는 표현** •••••••••••••••••••••••• 

Q 여행 목적이 무엇입니까?
바스 이스트 데어 쯔벡 이어러 라이제
Was ist der Zweck Ihrer Reise?

⇨ **나는 관광객입니다.**
이히 빈 투-리스드
Ich bin Tourist.

마헤 우어라웁
· **휴가여행** mache Urlaub

빈 아우프 아이네 게쇄프트 라이제
· **비즈니스** bin auf eine Geschäft Reise

베주헤 프로인데
· **친구 방문** besuche Freunde

베주헤 아이네 콘퍼렌쯔
· **회의** besuche eine Konferenz

Q 독일에 며칠 동안 있을 예정입니까?
비- 랑에 블라이벤 지- 인 도이칠란트
Wie lange bleiben Sie in Deutschland?

⇨ **2주 동안입니다.**
쯔바이 복헨
Zwei Wochen.

아인 야-르
· **1년** ein Jahr

드라이 모나테
· **3개월** drei Monate

퓐프 타게
· **5일** fünf Tage

아이넨 모나트
· **1개월** einen Monat

▼

F 여권을 보여주세요.
짜이겐 지- 미어 비테 이어렌 파쓰
Zeigen Sie mir bitte Ihren Paß!

F 돌아가실 비행기표는 있습니까?
하벤 지- 아이네 뤽플룩-티켓
Haben Sie eine Rückflug-Ticket?

⇨ 아니오, 없습니다.
나인 이히 하베 카인스
Nein, Ich habe Keins.

⇨ 예, 있습니다.
야 히어
Ja, hier.

F 돈은 얼마나 가지고 있습니까?
비-필- 볼렌 지- 아우스게벤
Wieviel wollen Sie ausgeben?

⇨ 3천 마르크 가지고 있습니다.
드라이타우젠트 마르크
3000 DM.

F 단체 여행이십니까?
라이젠 지- 밑 아이너 그루페
Reisen Sie mit einer Gruppe?

⇨ 아니오, 혼자입니다.
나인 이히 라이제 알라인
Nein, ich reise allein.

F 결혼하셨습니까?
진트 지- 페어하이라테트
Sind Sie verheiratet?

⇨ 아니오, 미혼입니다.
나인 이히 빈 레디히
Nein, Ich bin ledig.

- **여권 : Paß** [파스]
- **비자 : Visum** [비-줌]
- **목적 : Zweck** [쯔벡]
- **관광객 : Tourist** [투-리스트]
- **휴가 : Urlaub** [우어라웁]
- **비즈니스 : Geschäft** [게쇄프트]
- **직업 : Beruf** [베루프]
- **입국관리 : Zollkontrolle** [쫄콘트롤레]
- **성(姓) : Familienname** [파밀리엔나메]
- **국적 : Staatsangehörigkeit** [슈타츠안게회리히카이트]
- **생년월일 : Geburtsdatum** [게부르츠다툼]
- **여권검사 : Paßkontrolle** [파쓰콘트롤레]
- **여행 : Reise** [라이세]
- **거주자 : Bewohner** [베보-너]
- **비거주자 : Nichtbewohner** [니히트베보-너]
- **외국인 : Ausländer** [아우스렌더]
- **입국신고서 : Einreiseerlaubnis** [아인라이제에어라우프니스]
- **출국신고서 : Ausreiseerlaubnis** [아우스라이제에어라우프니스]
- **공항세 : Flughafensteuer** [플룩하펜슈토이어]

▲ 수하물표

F 여행 목적이 무엇입니까?

바스 이스트 데어 쯔벡 이어러 라이제
Was ist der Zweck Ihrer Reise?

K 관광입니다.

아이네 베지히티궁스투어.
Eine Besichtigungstour.

F 이곳에 얼마나 계십니까?

비- 랑에 블라이벤 지- 히-어
Wie lange bleiben Sie hier?

K 한달간 머뭅니다.

아이넨 모나트
Einen Monat.

F 돌아가실 항공권은 가지고 있습니까?

하벤 지- 아인 뤽플룩-티켓
Haben Sie ein Rückflug-Ticket?

K 예, 여기 있습니다.

야 히어
Ja, hier.

F 즐거운 여행 되시길 바랍니다.

알레스 인 오르트눙 구테 라이제
Alles in ordnung. Gute Reise.

K 감사합니다

당케 쉔
Danke schön!

입국

입국심사를 끝낸다음 신고해야 하는 물건이 있을 때에는 적색 복도로 된 출구로 나가며, 그렇지 않은 경우에는 녹색 복도를 통해서 나오면 된다.

 **자주 쓰이는 표현** •••••••••••••••••••••• 

Q **술 종류를 가지고 계십니까?**

하벤 지- 이르겐트벨헤 슈피리투오젠
Haben Sie irgendwelche Spirituosen?

⇨ **위스키가 한 병 있습니다.**

야 아이네 플라쉐 비스키
Ja, eine Flasche Whisky.

- **맥주** 비어 **Bier**
- **포도주** 바인 **Wein**
- **코냑** 코냑 **Cognac**
- **브랜디** 슈납스 **Schnaps**

Q **이 가방 속에는 무엇이 들어 있습니까?**

바스 하벤 지- 인 디-저 타쉐
Was haben Sie in dieser Tasche?

⇨ **소형 라디오입니다.**

아인 클라이네스 라디오
Ein kleines Radio.

- **선물** 아인 게쉥크 **Ein Geschenk**
- **담배** 찌가레텐 **Zigaretten**
- **소지품** 게브라욱스게겐슈탠데 **Gebrauchsgegenstände**

F 신고할 물건이 있습니까?
하벤 지- 바-렌 안쭈멜덴
Haben Sie Waren anzumelden?

⇨ 없습니다.
나인 이히 하베 카이네
Nein, ich habe keine.

K 내 짐이 보이지 않습니다.
이히 칸 마인 게팩 니히트 핀덴
Ich kann mein Gepäck nicht finden.

K 여기 수하물 표가 있습니다.
히어 이스트 마인 게펙샤인
Hier ist mein Gepäckschein.

F 어떤 비행기로 도착하셨습니까?
밑 벨허 마쉬네 진트 지- 안게콤멘
Mit welcher Maschine sind Sie angekommen?

⇨ 나는 KA편으로 도착했습니다.
이히 빈 밑 뎀 플룩 코리안에어 안게콤멘
Ich bin mit dem Flug KA angekommen.

F 가방을 한 번 열어 보시겠습니까?
뷔르덴 지- 비테 아인말 이어레 타쉐 외프넨
Würden Sie bitte einmal Ihre Tasche öffnen?

F 돈은 얼마나 가지고 있습니까?
비-필- 볼렌 지- 아우스게벤
Wieviel wollen Sie ausgeben?

F 그것은 무엇입니까?
바스 이스트 다스
Was ist das?

⇨ 이것은 단지 제가 사용하는 물건들입니다.
다스 이스트 누어 퓌어 마이넨 페르죈리헨 게브라우흐
Das ist nur für meinen persönlichen Gebrauch.

◆**세관 : Zollamt** [쫄암트]

◆**세관신고서 : Zollangabe** [쫄안가베]

◆**세관검사 : Zollrevision** [쫄레비지온]

◆**본적 : ständige Wohnsitz** [슈탠디게 본-지쯔]

◆**주류 : alkoholische Getränke** [알코올리쉐 게트랭케]

◆**담배 : Zigarette** [찌가레테]

◆**동물 : Tier** [티어]

◆**식물 : Pflanze** [플란쩨]

◆**보석 : Juwelen** [유벨렌]

◆**향수 : Parfüm** [파르퓸]

◆**손목시계 : Armbanduhr** [아름반트우어]

◆**반입금지품 : verbotenen Artikel** [페어보테넨 아르티켈]

◆**화폐신고 : Devisenerklärung** [데비젠에어클레-룽]

◆**현금 : Bargeld** [바-겔트]

◆**여행자수표 : Reisescheck** [라이제쉑]

◆**면세품 : zollfreie Artikel** [쫄프라이에 아르티켈]

◆**인스턴트 콩스프 : Instant-Sojabohnensuppe**
[인스탄트-조야보넨주페]

◆**인스턴트국수(라면) : Instant-Nudeln** [인스탄트-누델른]

◆**인삼 : Ginseng** [긴젱]

◆**된장 : Sojabohnenpastete** [조야보넨파스테테]

Rhön의
움스레벤(Umsleben) 성▶

F 신고할 것이 있습니까?
하벤 지- 에트바스 쭈 페어쫄렌
Haben Sie etwas zu verzollen?

K 없습니다.
이히 하베 니히츠 쭈 페어쫄렌
Ich habe nichts zu verzollen.

F 이것은 무엇입니까?
바스 이스트 다스
Was ist das?

K 이것은 내 친구에게 줄 선물입니다.
다스 진트 게솅케 퓌어 마이넨 프로인트
Das sind Geschenke für meinen Freund.

F 한국에서는 가격이 얼마 정도입니까?
비필- 코스테트 다스 인 코레아
Wieviel kostet das in Korea?

K 대략 20불입니다.
운게페어 쯔반찌히 우에스 돌라
Ungefähr 20 U.S Dollar.

F 술 종류를 가지고 계십니까?
하벤 지- 이르겐트벨헤 슈피리투오젠
Haben Sie irgendwelche Spirituosen?

K 아니오.
나인
Nein.

F 즐거운 여행되시길 빕니다.
알레스 인 오르트눙 구테 라이제
Alles in Ordnung. Gute Reise.

입국

독일을 여행하려는 사람은 우리나라에서 이미 여행자 수표와 약간의 마르크를 바꿔가는 것이 좋다.
환전은 공항이나, 역, 호텔 등에서 할 수 있으나, 수수료가 없는 Deutsche Bank(도이췌 방크)에서 하는 것이 좋다.

 **자주 쓰이는 표현** ●●●●●●●●●●●●●●●●●●●●●●●● 

Ⓠ **어떻게 드릴까요?**
비- 뫼히텐 지- 다스 겔트 하벤
Wie möchten Sie das Geld haben?

⇨ **이 20달러를 <u>마르크로</u> 바꿔 주십시오.**
쯔반찌히 돌라 인 데마르크 비테
20 Dollar <u>in DM</u>, bitte.

인 바겔트
- **현금 in Bargeld**

인 클라인겔트
- **잔돈 in Kleingeld**

인 프란쪼지셴 프랑
- **프랑 in franzosischen Franc**

인 샤이넨
- **수표 in Scheinen**

아우스 라이제쉑
- **여행자수표 aus Reisescheck**

인 푼트 슈텔링
- **파운드 in Pfund Stering**

환전
독일 화폐 단위는 Mark(마르크)와 Pfennig(페니히)이다. 100페니히는 1마르크이고, 1마르크는 약 550원이다. 약자로는 **DM**과 **Pf**로 표기한다.

K 어디에서 환전할 수 있습니까?
보 칸 이히 겔트 벡셀른
Wo kann ich Geld wechseln?

K 은행 문은 언제까지 엽니까?
비- 랑에 핱 디 방크 아우프
Wie lange hat die Bank auf?

K 일요일에 영업하는 은행이 있습니까?
깁트 에스 방켄 디 존탁스 게왜프네트 진트
Gibt es Banken, die sonntags geöffnet sind?

K 1달러는 몇 마르크입니까?
비필- 디마르크 이스트 아인 돌라
Wieviel DM ist 1 Dollar?

K 오늘의 환율은 얼마입니까?
바스 이스트 데어 벡셀쿠르스 호이테
Was ist der Wechselkurs heute?

K 독일 마르크의 시세가 어떻게 됩니까?
비- 호흐 이스트 데어 데-마르크쿠르스
Wie hoch ist der D—Markkurs?

K 5마르크 동전으로 바꿔주실 수 있습니까?
쾬넨 지- 미어 아인 퓐프마르크슈틱 벡셀른
Können Sie mir ein Fünfmarkstück wechseln?

K 비자카드도 받습니까?
악쩹티어렌 지- 아우흐 디 비자-카드
Akzeptieren Sie auch die Visa—card?

K 마스터카드도 받습니까?
악쩹티어렌 지- 아우흐 디 마스터 카드
Akzeptieren Sie auch die Master—card?

K 여행자수표도 취급합니까?
네-멘 지- 라이제쉑
Nehmen Sie Reisescheck?

- ◆ 은행 : Bank [방크]
- ◆ 지폐 : Schein [샤인]
- ◆ 돈 : Geld [겔트]
- ◆ 잔돈 : Kleingeld [클라인 겔트]
- ◆ 수수료 : Gebühr [게뷔어]
- ◆ 5마르크 동전 : Fünfmarkstück [퓐프마르크슈틱]
- ◆ 100마르크 지폐 : Hundertmarkschein
  [훈데르트마르크샤인]
- ◆ 20마르크 지폐 : Zwanzigmarkschein
  [쯔반찌히마르크샤인]
- ◆ 환율 : Wechselkurs [벡셀쿠르스]
- ◆ 공인 환전소 : autorisierte Geldwechsler
  [아우토리지어리테 셀브벡슬러]
- ◆ 외화 교환 증명서 : Bcscheinigung über den
  Wechsel von ausländischem Geld
  [베샤이니궁 위버 덴 벡셀 폰 나우스랜디쉠 겔트]
- ◆ 통화 : Kurant [쿠란트]
- ◆ 사인 : Unterschrift [운터슈리프트]
- ◆ 교환하다 : wechseln [벡셀른]

은행 ▶

[K] 환전소는 어디입니까?

보 칸 이히 겔트 벡셀른
Wo kann ich Geld wechseln?

[F] 3번 창구로 가세요.

게엔 지- 비테 안 솰터 드라이
Gehen Sie bitte an Schalter 3.

[K] 여행자 수표를 취급합니까?

네-멘 지- 라이젠쉑스
Nehmen Sie Reisenschecks?

[F] 예. 서명해 주세요.

야 운터슈라이벤 지- 히-어 비테
Ja. Unterschreiben Sie hier, bitte.

[K] 수수료는 얼마입니까?

비 호-흐 진트 디 게뷔-렌
Wie hoch sind die Gebühren?

[F] 100마르크에 5마르크입니다.

퓐프 마르크 프로 훈데르트 마르크
5 DM pro 100 DM.

어떻게 드릴까요?

비- 뫼히텐 지- 다스 겔트 하벤
Wie möchten Sie das Geld haben?

[K] 1,000마르크 2장과 20마르크 5장으로 주세요.

쯔바이 타우젠트마르크샤이네 운트 퓐프 쯔반찌히마르크샤이네 비테
Zwei Tausendmarkscheine und fünf

Zwanzigmarkscheine, bitte.

교통
VERKEHR

독일의 주요교통수단으로는
지하철(U-Bahn), 국철(S-Bahn),
버스, 택시등이 있다. 통일전에는
정차하지 않던 지하철 역이나
정류장등이 노선에 들어가게 되어
현재는 전노선이 개통되어 있고,
모든 역에서 정차가 가능하다.

지하철(U-Bahn)

U1~U4, U6~U9의 8개
노선이 시내를 망처럼
연결짓고 있다. 요금은
우리보다 3배나 비싸다.
지하철, 시가지전차 등의
대중교통편이 있다. 어떤
교통편이든 타기 전에
자신이 개찰기에 티켓을
꼭 개찰해야 한다. 검차원이

▲ 개찰기

중간에서 적발시에는 벌금을 내야 하니 유념해야 한다.

국철

독일 연방철도라고 하고 약칭은 DB이다.
최신 설비와 시간의 정확함은 유럽 유일이며 시속 300Km인
ICE, 국제 특급선인 EC, 국내 70여 도시를 연결 짓는 특급
IC가 있다. 그외에 급행이나 쾌속열차 등이 있다. 좌석은
1등석과 2등석이 있고, 1등석의 운임은 2등석의 약 1.5배이다.
독일 국내만 열차로 이동하는 데는 외국인여행자들만 유효한
독일철도패스(저먼 래일패스)가 편리하다.

독일의 전 노선을
이용할 수 있고,
낭만적인 거리를 달리는
유럽버스를 무료로
이용할수 있다. 표는
한국의 여행사에서
6개월전부터 구입
가능하다.

독일 철도패스(German Rail Pass)

독일 통일 후 개발된 새로운 패스로 국철의 모든 열차를 몇
번이라도 자유롭게 이용할 수 있다. 발급대상은 외국에 거주하는
여행자에 한하며 1개월 유효로 그 중에서 5, 10, 15일간의
통용기간에 의해 단계별로 이용할 수 있다.(연령제한:12세~26세)

< 사용요령 >

① 시작은 현지 철도역에서 승차확인을 받은 이후 사용할 수
   있으며, 좌석예약, 쿠셋, 침대차를 이용할 경우에는
   추가요금이 있다.
② 승차확인을 받기 전날 오후 11시 이후부터 이용 가능하다.
   또한 사용 기간이 끝난 다음날 오전 3시까지 이용할 수 있어
   최대 8시간까지 더 사용할 수 있다.
③ 승차 전 반드시 사용일의 날짜를 볼펜으로 적도록 한다.
④ 환불은 승차 확인을 받지 않은 패스에 한해 15%의
   환불수수료가 있다.

독일 열차의 종류

- **ICE** : 인터시티 엑스프레스(Inter City Express)
           최고급·최고속 열차.
- **EC** : 유로시티(Euro City)에 대신하는 유럽도시간 특급차량.
- **IC** : 인터 레기오(Inter Regio). 국제간 급행.
- **FD** : 훼른 엑스프레스, 장거리 급행.

- D : 슈네르츠크(데츄크). 보통 급행.
- E : 아일츄크, 근교 쾌속.

객차의 종류

■ 복도타입(COACH)

우리나라 열차와 비슷한 중앙에 통로가 있는 형식.
- 1등석 : 중앙통로를 중심으로 한 쪽에는 1인용 좌석, 다른 한쪽에는 2인용 좌석만 있음.
- 2등석 : 복도 양면에 2인용 좌석만 있음.

■ 객실타입(COMPARTMENT)

유럽의 독특한 객차형태로 한방에 6~8인이 서로 마주보고 앉아서 가는 형식.
- 1등석 : 6인실로 3명씩 서로 마주보고 앉아서 가는 형식으로, 다리를 뻗고 편하게 여행할 수 있다.
- 2등석 : 8인실로 4명이 서로 마주보고 앉아서 가는 형식

유로패스(Euro Pass)

짧은 여정으로 유럽을 찾는 여행객들을 위해 프랑스, 독일, 스위스, 이태리, 그리고 스페인 등 인기있는 몇개국가들을 저렴한 가격으로 여행할 수 있는 패스이다. 외국인들을 위해서만 만들어졌으므로 국내에서 출국 전에 구입해야 한다. 또, 유로패스는 선택적 사용 패스이므로 여행일을 연속적으로 사용할 수 있을 뿐만 아니라 2개월내 필요한 날짜를 선택하여 쓸 수 있다.

※ 독일의 ICE sprinter는 추가요금을 지불해야만 탑승할 수 있다.

버스(BUS)

시내를 거미줄처럼 연결지어주는 버스표는 지하철과 공통으로
사용되고 있다. 독일에서는
철도망이 잘 발달되어 있어서
버스가 비교적 그 노선면에서 약간
뒤떨어지긴 하지만 요금이 철도
2등석의 반액 정도로 싸므로 버스
여행이 적합한 곳에서는 이용할
만하다.

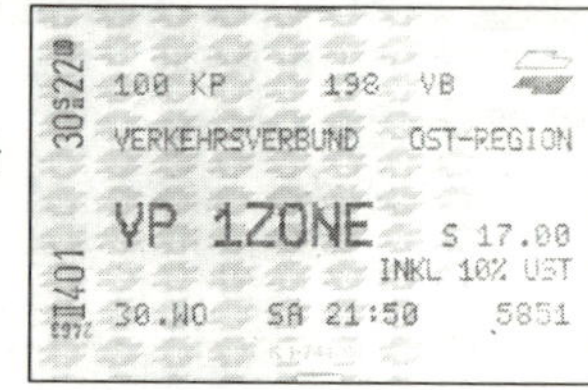

▲ 버스+지하철표(오스트리아)

택시(TAX)

통일되기 전에는 극히 수가 적었지만 구동독에서도 급격히
택시가 늘어나 택시 정류장도 늘어 났다.
기본요금은 3.8DM이고, 예약이나 급히 택시가 필요할 때는
택시센타로 전화를 하면 된다.

렌터카(Miete auto)

속도무제한이며 통행료 무료인 자동차 전용도로
AUTOBAHN(아우토반)은 스무스하고 아주 빠르다. 자동차를
빌릴 때는 국제운전면허증, 여권, 크레디트카드를 제시하고
Rental agreement(임대계약서)에 사인을 한다.
HERTS(☎03-3796-8200)와 AVIS(☎03-3583-0911)가
유명하다. 반납할 때는 가솔린을 가득 채워서 줘야하며 자세한
것은 관광안내소나 호텔의 프론트에 물어 보도록 한다.

자전거(Fahrrad)

독일의 260여개의 역전에는 누구든지 자전거를 빌려주는 곳이
있다. 먼저 보증금을 맡기고 반납시 보증금을 찾을 수 있으며
신용카드도 가능하다. 이곳에서 자전거를 빌려서 자전거여행을
하고 다음 장소의 정거장에 돌려주는 자전거여행 시스템도 있다.
역을 중심으로하여 가까운 관광지는 이용해 볼만하다.

# 교통

젊은 독일인들은 대부분 영어를 잘하므로 길을 모를 경우에는 지나가는 사람이나 상점에서 물어보도록 하자. 역이나 시내 중심지의 관광안내소에서는 거의 영어가 통한다.

 **자주 쓰이는 표현** 

Q 죄송합니다만, 쾰른 성당은 어디에 있죠?

엔트슐디궁 보- 이스트 데어 쾰르너 돔
Entschuldigung, wo ist <u>der Kölner Dom</u>?

⇨ **곧장 가세요.**

게-엔 지- 게라데아우스
Gehen Sie geradeaus.

- 박물관 다스 무제움 **das Museum**
- 시장 데어 마르크트플라츠 **der Marktplatz**
- 시청 다스 라트하우스 **das Rathaus**
- 극장 다스 테아터 **das Theater**

Q 죄송합니다. 우체국으로 가려면 어떻게 가야합니까?

엔트슐디겐 지- 비- 콤메 이히 쭘 포스트암트
Entschuldigen Sie! Wie komme ich zum Postamt?

⇨ **<u>사거리를 지나서</u> 가세요.**

파-렌 지- 위버 디 크로이쭝
Fahren Sie <u>über die Kreuzung</u>!

- 오른쪽 나흐 레히츠 **nach rechts**
- 왼쪽 나흐 링크스 **nach links**
- 앞으로 나흐 포르네 **nach vorne**
- 뒤로 쭈뤽 **zurück**

Ⓚ **여기서 미술관까지 걸어서 몇 분정도 걸립니까?**
비- 랑에 다우어르트 에스 쭈 푸쓰 폰 히어 쭘 무제움 쭈 게-엔
Wie lange dauert es, zu Fuß von hier zum Museum zu gehen?

⇨ **10분 정도 걸립니다.**
에스 다우어르트 쩬 미누텐
Es dauert zehn Minuten.

Ⓚ **여기에서 멉니까?**
이스트 에스 바이트 폰 히어
Ist es weit von hier?

Ⓚ **걸어서 갈 수 있습니까?**
칸 만 도르트힌 쭈 푸쓰 게-엔
Kann man dorthin zu Fuß gehen?

Ⓚ **이 지도에 표시를 해 주십시오.**
짜이엔 지- 에스 비테 아우프 뎀 슈타트플란 아인
Zeichen Sie es bitte auf dem Stadtplan ein.

Ⓚ **여기가 어디입니까?**
보 빈 이히
Wo bin ich?

Ⓚ **여기는 ~입니다.**
히어 이스트 ~
Hier ist ~.

▲ 구(舊)시가지

Ⓚ **여기 택시가 어디에 있습니까?**
보- 깁트 에스 히어 아인 탁시
Wo gibt es hier ein Taxi?

⇨ **모퉁이를 돌아가시면 됩니다.**
게-엔 지- 움 디 엑케
Gehen Sie um die Ecke.

Ⓕ **여행안내소는 어디입니까?**
보- 이스트 다스 프렘덴페어케르스암트
Wo ist das Fremdenverkehrsamt?

◆ **도로 : Weg / Straße** [벡 / 슈트라쎄]

◆ **가로수길 : Allee** [알레]

◆ **보도 : Bürgersteig** [뷔르거슈타익]

◆ **교차로 : Kreuzung** [크로이쭝]

◆ **다리 : Brücke** [브뤼케]

◆ **교회 : Kirche** [키르헤]

◆ **번화가 : Hauptgeschäftsstraße**
　　　　　[하우프트게쉐프츠슈트라쎄]

◆ **유흥가 : Vergnügungsviertel** [페어그뉘궁스피어텔]

◆ **경기장 : Stadion** [슈타디온]

◆ **대학 : Hochschule / Universität**
　　　　[호흐슐레 / 우니베르지태트]

◆ **강 : Fluß** [플루쓰]

◆ **동 : Ost** [오스트]

◆ **서 : West** [베스트]

◆ **남 : Süd** [쥐트]

◆ **북 : Nord** [노르트]

◆ **오른쪽 : Rechts** [레히츠]

◆ **왼쪽 : Links** [링크스]

◆ **옆 : Seite** [자이테]

◆ **앞 : Vorderseite** [포르더자이테]

◆ **뒤 : Rückseite** [뤽자이테]

교통

낯선 도시에서 길을 잃고 헤매는 것처럼 난처한 경우도 없다. 그런때를 대비하여 자기가 묵고 있는 호텔의 카드나 유인물을 가지고 있어서 상대방에게 보여주면 편리하다. 또 혼자서 거리를 다닐 때는 지하철 안내도나 지도를 지니고 있으면 도움이 된다.

[K] 실례합니다!
엔트슐디겐 지- 비테
Entschuldigen Sie bitte!

역을 찾고 있습니다.
이히 죽헤 덴 반호프
Ich suche den Bahnhof.

[F] 똑바로 가세요.
게라데아우스
Geradeaus.

[K] 여기서 얼마나 멉니까?
비- 바이트 이스트 에스 폰 히어
Wie weit ist es von hier?

[F] 걸어서 5분 걸립니다.
퓐프 미누텐 쭈 푸-쓰
Fünf Minuten zu Fuß.

[K] 감사합니다.
당케 쇤
Danke schön.

[K] 천만예요.
비테 쇤
Bitte schön.

함부르크 ▶
(Hamburg)

교통

동서독이 통일을 한 후 증가하고 있지만, 독일에는 택시가 많지는 않다. 택시는 전화로 불러서 이용하는 것이 보통이지만, 번화한 거리에서는 손님을 기다리는 택시를 발견할 수도 있다.

 자주 쓰이는 표현 

Ⓠ **어디로 가십니까?**

보힌 뫼히텐 지-
Wohin möchten Sie?

⇨ **시청으로 갑시다.**

브링엔 지 - 미히 비테 쭘 라트하우스
Bringen Sie mich bitte <u>zum Rathaus</u>.

쭈 폴리짜이박헤
· **경찰서 zu Polizeiwache**

쭈 쿤스트할레
· **미술관 zu Kunsthalle**

쭈 코레아니쉐 보트샤프트
· **한국대사관 zu koreanische Botschaft**

쭘 팔라스트
· **궁전 zum Palast**

Ⓠ **택시로 얼마나 걸립니까?**

비- 랑에 다우어르트 디 탁시파르트
Wie lange dauert die <u>Taxifahrt</u>?

⇨ **약 20분 걸립니다.**

운게페어 쯔반찌히 미누텐
Ungefähr 20 Minuten.

부스파르트
· **버스 Busfahrt**

쭉파르트
· **기차 Zugfahrt**

우-반파르트
· **지하철 U-Bahnfahrt**

풀룩
· **비행기 Flug**

▼

K 택시를 불러 주세요
비테 루펜 지- 미어 아인 탁시
Bitte rufen Sie mir ein Taxi!

K 택시정류장은 어디입니까?
보 이스트 아인 탁시슈탄트
Wo ist ein Taxistand?

K 요금은 얼마입니까?
바스 코스테트 다스
Was kostet das?

▷ 1마르크 20페니히입니다.
아이네 마르크 쯔반찌히
Eine Mark zwanzig.

K 얼마만큼 걸립니까?
비- 랑에 다우어르트 에스
Wie lange dauert es?

K 오래 걸립니까?
비르트 에스 랑에 다우어른
Wird es lange dauern?

▷ 아니오, 기껏해야 15분입니다.
나인 회히스텐스 퓐프쩬 미누텐
Nein, höchstens fünfzehn Minuten.

F 다 왔습니다.
히어 진트 비어
Hier sind wir.

K 여기서 세워 주십시오.
할텐 지- 비테 히어
Halten Sie bitte hier.

K 잔돈은 가지세요.
데어 레스트 이스트 퓌어 지-
Der Rest ist für Sie.

- ◆택시 : **Taxi** [탁시]
- ◆택시 승차장 : **Taxistand** [탁시슈탄트]
- ◆주소 : **Adresse** [아드레쎄]
- ◆시청 : **Rathaus** [라트 하우스]
- ◆요금 : **Gebühren** [게뷔렌]
- ◆기본요금 : **Grundpreis** [그룬트 프라이스]
- ◆할증요금 : **Zuschlagpreis** [쭈슐락프라이스]
- ◆안전벨트 : **Sicherheitsgurt** [지허하이츠구르트]
- ◆주차장 : **Parkplatz** [파르크플랏츠]
- ◆속력 : **Geschwindigkeit** [게슈빈디히카이트]
- ◆경적 : **Hupe** [후페]
- ◆천천히 : **langsam** [랑잠]
- ◆빨리 : **schnell** [슈넬]
- ◆타다 : **einsteigen** [아인슈타이겐]
- ◆멈춰서다 : **halten** [할텐]
- ◆내리다 : **aussteigen** [아우스슈타이겐]

택시는 시간이 제한된 여행자에게는 가장 손쉬운 교통수단이다. 택시를 호출할 때는 자신의 위치를 말해야 하며, 공중전화기인 경우는 전화기번호를 말하면 된다. 또한 한국과 달리 택시 수가 적으며, 자동개폐문으로 되어 있어 기사가 직접 문을 여닫을 수 있고, 팁은 페니히 단위의 잔돈을 받지 않고, 1마르크 정도가 필요하다는 것을 유의한다.

K 택시를 불러 주시겠습니까?

켄넨 지- 미어 아인 탁시 루-펜
Können Sie mir ein Taxi rufen?

F 잠깐만 기다려 주십시오, 차는 곧 옵니다.

아이넨 모멘트 데어 바겐 콤트 조포르트
Einen Moment der Wagen kommt sofort.

* * *

F 어디로 모실까요?

보힌 뫼히텐 지-
Wohin möchten Sie?

K 이 주소로 가주세요.

브링엔 지- 미히 비테 쭈 디저 아드렛세
Bringen Sie mich bitte zu dieser Adresse.

* * *

K 오래 걸립니까?

비르트 에스 랑에 다우어른
Wird es lange dauern?

F 아니오, 20분 정도 입니다.

나인 쯔반찌히 미누텐
Nein, 20 Minuten.

K 얼마지요?

비-필- 마흐트 다스
Wieviel macht das?

F 14마르크 60페니히입니다.

피어쩬 마르크 제히찌히
Vierzehn Mark sechzig.

교통

렌터카

운전에 자신이 있는 사람이라면 렌터카로 AutoBahn(무제한 고속도로)에서 마음껏 달려 보면 어떨까? 차를 빌리려면 국제운전면허증과 신용카드가 있어야 한다.

 **자주 쓰이는 표현** • 

Ⓠ **어떤 종류의 차를 빌리고 싶습니까?**

벨헤스 아우토 뫼히텐 지–
Welches Auto möchten Sie?

⇨ **BMW를 부탁합니다.**

이이넨 베–엠베– 비테
Einen BMW bitte.

클라이네 바겐
- **소형차**　kleine Wagen

폴크스바겐
- **폭스바겐**　Volkswagen

페카베
- **승용차**　PKW

벤츠
- **벤츠**　Benz

Ⓠ **얼마동안 차가 필요합니까?**

비– 랑에 부라욱헨 지– 덴 바겐
Wie lange brauchen Sie den Wagen?

⇨ **3일간 입니다.**

드라이 타–게
Drei Tage.

아이넨 탁
- **하루**　einen Tag

쯔바이 타게
- **2일**　zwei Tage

아이네 복헨
- **1주일**　eine Woche

쩬 타게
- **10일**　zehn Tage

K 렌트카는 어디에서 빌립니까?
보 칸 이히 아인 아우토 미-텐
Wo kann ich ein Auto mieten?

F 국제운전면허증을 갖고 계십니까?
하벤 지- 아이넨 인터나치오날렌 퓌-러샤인
Haben Sie einen internationalen Führerschein?

K 요금표를 보여주시겠습니까?
다르프 이히 말 이어레 프라이스리스테 제-엔
Darf ich mal Ihre Preisliste sehen?

K 얼마입니까?
비- 호흐 이스트 디 미-테 퓌어 아인 아우토
Wie hoch ist die Miete für ein Auto?

⇨ 하루에 15마르크입니다.
다스 코스테트 퓐프쩬 마르크 프로 탁
Das kostet 15 DM pro Tag.

F 신용카드를 보여주십시오.
짜이겐 지- 비테 미어 이어레 크레디트카르테
Zeigen Sie bitte mir Ihre Kreditkarte!

K 보험에 들고 싶습니다.
이히 뫼히테 아이네 페어지허룽 압슐리쎈
Ich möchte eine Versicherung abschließen.

K 기름을 가득 넣어 주십시오!
폴탕켄 비테
Volltanken, bitte.

F 보통, 고급 무연휘발유 중 어떤 것을 넣어 드릴까요?
노르말- 주-퍼 오더 블라이프라이
Normal, Super oder Bleifrei?

⇨ 보통으로 주세요.
노르말 비테
Normal, bitte!

K 주차장이 어디 있습니까?
보- 이스트 아인 파르크플라츠
Wo ist ein Parkplatz?

F 주차권은 자동판매기에 있습니다.
파르크샤이네 깁트 에스 암 아우토마텐
Parkscheine gibt es am Automaten.

K 이 자동차를 세척해 주십시오.
이히 뫼히테 덴 바-겐 바쉔 랏센
Ich möchte den Wagen waschen lassen.

K 고장입니다.
다스 아우토 이스트 카풑
Das Auto ist kaputt.

K 가까운 자동차 수리 공장이 어디에 있습니까?
보- 이스트 디 내히스테 베르크슈탈
Wo ist die nächste Werkstatt?

K 엔진오일을 갈아주시오.
벡셀른 지- 비테 다스 모-토어욀-
Wechseln Sie bitte das Motoröl.

K 시동이 걸리지 않습니다.
데어 모-토어 슈프링트 니히트 안
Der Motor springt nicht an.

K 브레이크를 검사해 주세요.
쾬넨 지- 디 브렘젠 콘트롤리어렌
Können Sie die Bremsen kontrollieren?

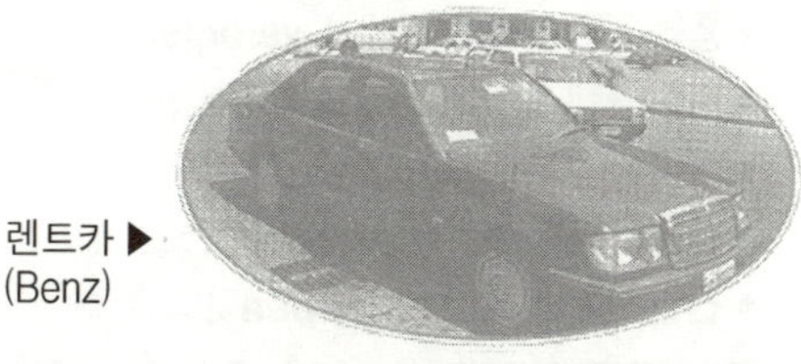

렌트카 ▶
(Benz)

교통

◆ 렌트카 회사 : **Mietautogesellschaft**
[미-트아우토게젤샤프트]
◆ 국제운전면허증 : **internationaler Führerschein**
[인터나치오날러 퓌러샤인]
◆ 요금표 : **Preisliste** [프라이스리스테]
◆ 보증금 : **Kaution** [카우치온]
◆ 보험 : **Versicherung** [페어지허룽]
◆ 자동차보험 : **Autounfallversicherung**
[아우토운팔페어지허룽]
◆ 주유소 : **Tankstelle** [탕크슈텔레]
◆ 자동차수리공장 : **Reparaturwerkstatt** [레파라투어베르크슈탙]
◆ 고장 : **Panne** [판네]
◆ 브레이크 : **Bremse** [브렘제]
◆ 배터리 : **Batterie** [바터리]
◆ 타이어 : **Reifen** [라이펜]
◆ 엔진오일 : **Motoröl** [모-토어욀]
◆ 휘발유 : **Benzin** [벤찐]
◆ 무연 : **bleifrei** [블라이프라이]
◆ 보통 : **mormal** [노르말]
◆ 고급 : **super** [주퍼]
◆ 앞바퀴 : **Vorderreifen** [포르더라이펜]
◆ 고속도로 : **Autobahn** [아우토반]
◆ 교통신호 : **Ampel** [암펠]
◆ 통행금지 : **Durchfahrt verboten** [두루히파르트 페어보텐]
◆ 일방통행 : **Einbahnstraße** [아인반슈트라-쎄]
◆ 빌리다 : **mieten** [미-텐]
◆ 반환하다 : **zurückgeben** [쯔뤽게벤]
◆ 견인하다 : **abschleppen** [압슐레펜]

K 차를 빌리고 싶습니다.

이히 뫼히테 아인 아우토 미-텐
Ich möchte ein Auto mieten.

F 어떤 종류의 차입니까?

벨헤스 아우토
Welches Auto?

K 소형차를 빌리고 싶습니다.

아이넨 클라인바겐
Einen kleinwagen.

F 얼마동안 차가 필요합니까?

비- 랑에 부라욱헨 지- 덴 바겐
Wie lange brauchon Sie den Wagen?

K 3일간 입니다.

드라이 타-게
Drei Tage.

요금은 얼마입니까?

비- 호흐 이스트 디 미테
Wie hoch ist die Miete?

F 하루에 100마르크입니다.

아인훈더르트 마르크 프로 탁
100 DM pro Tag.

차에는 연료가 가득 들어있습니다.

데어 바겐 이스트 폴 게탕크트
Der Wagen ist voll getankt.

즐거운 여행을 하십시오.

구-테 라이제
Gute Reise.

교통

지하철/기차

전철이나 기차는 독일의 주요 교통 수단으로 지하철은 U-Bahn 이라고 하고 국철은 S-Bahn이라고 한다. 통일전에는 기차가 정차하지 않았던 역도 지금은 모두 개통되어 있다.

자주 쓰이는 표현 

Q 프라이부르크행 다음 기차는 몇 시에 떠납니까?

반 패어트 데어 내-히스테 쭉 나흐 프라이부르크
Wann fährt der nächste Zug nach Freiburg?

⇨ **10시입니다.**

움 쩬 우어
Um 10 Uhr.

쯔뵐프 우어
- **12시**　zwölf Uhr

할프 피어
- **3시 반**　Halb vier

피어텔 나흐 노인
- **9시 15분**　Viertel nach neun

쯔반찌히 나흐 지벤
- **7시 20분**　zazwanzig nach sieben

Q 함부르크로 가는 기차는 어디에서 출발합니까?

보- 패어트 데어 쭉 나흐 함부르크 압
Wo fährt der Zug nach Hamburg ab?

⇨ **11번 선로에서 입니다.**

압 글라이스 엘프
Ab Gleis 11.

하이델베르크
- **하이델베르크**　Heidellberg

베를린
- **베를린**　Berlin

뮌헨
- **뮌헨**　München

하노버
- **하노버**　Hannover

K 지하철 역이 어디에 있습니까?
보- 이스트 디 우-반-슈타치온
Wo ist die U-Bahn-Station?

K 시장에 가려고 합니다.
이히 빌 쭘 마르크트플랏츠
Ich will zum Marktplatz.

K 어디에서 내려야 합니까?
보- 무쓰 이히 아우스슈타이겐
Wo muß ich aussteigen?

⇨ 다음 역에서 내리는 것이 제일 좋습니다.
슈타이겐 지- 암 베스텐 안 데어 내히스텐 슈타치온 아우스
Steigen Sie am besten an der nächsten Station aus.

K 몇 호선을 타야 합니까?
벨헤 리니에 무쓰 이히 네-멘
Welche Linie muß ich nehmen?

K 쾰른으로 가는 [편도 / 왕복] 차표 두 장 주세요.
쯔바이 [아인팍헤 / 뤽] 파-카르텐 나흐 쾰른 비테
Zwei [einfache / rück] Fahrkaren nach Köln, bitte.

F 일등석으로 드릴까요?
뫼히텐 지- 에르스터 클랏세 파-렌
Möchten Sie erster Klasse fahren?

K 할인표가 있습니까?
깁트 에스 아이네 에어매-씩테 파-카르테
Gibt es eine ermäßigte Fahrkarte?

K 기차를 갈아타야 합니까?
무쓰 이히 움슈타이겐
Muß ich umsteigen?

K 그 기차에는 식당칸이 있습니까?
핱 데어 쭉 아이넨 슈파이제바-겐
Hat der Zug einen Speisewagen?

K 그 기차에는 침대칸이 있습니까?
할 데어 쭉 아이넨 슐라프바ㄱ겐
Hat der Zug einen Schlafwagen?

K 실례합니다. 여기 자리가 비었습니까?
엔트슐디겐 지- 이스트 디-저 플랏츠 노흐 프라이
Entschuldigen Sie, ist dieser Platz noch frei?

⇨ 이미 자리가 있습니다.
디-저 플랏츠 이스트 라이더 베제쯔트
Dieser Platz ist leider besetzt.

K 여기는 흡연석입니다.
다스 이스트 아인 라욱허압타일
Das ist ein Raucherabteil.

F 차표를 보여주세요.
비테 짜이겐 지- 미어 이어렌 파-카르테
Bitte zeigen Sie mir Ihren Fahrkarte.

▼기차 출발 안내판(Abfahrten)

- ◆기차 : **Zug** [쭉]
- ◆보통열차 : **Personenzug** [페르조넨쭉]
- ◆급행열차 : **Schnellzug** [슈넬쭉]
- ◆특급열차 : **Express** [엑스프레쓰]
- ◆지하철 : **U-Bahn** [우-반]
- ◆역 : **Station** [슈타치온]
- ◆국경역 : **Grenzbahnhof** [그렌쯔반호프]
- ◆출발 : **Abfahrt** [압파르트]
- ◆도착 : **Ankunft** [안쿤프트]
- ◆차표 : **Fahrkarte** [파-카르테]
- ◆편도기차표 : **einfache Fahrkarte** [아인파헤 파-카르테]
- ◆왕복기차표 : **Rückfahrkarte** [뤽파-카르테]
- ◆요금 : **Fahrgeld** [파-셀브]
- ◆추가요금 : **Zuschlag** [쭈-슐락]
- ◆대합실 : **Wartesaal** [바르테잘]
- ◆개찰구 : **Sperre** [슈페레]
- ◆플랫폼 : **Bahnsteig** [반슈타이크]
- ◆차장 : **Schffner** [샤프너]
- ◆검표원 : **Fahrkartenkontrolleur** [파-카르텐콘트롤뢰어]
- ◆시간표 : **Fahrplan** [파-플란]
- ◆도중하차 : **Fahrt-unterbrechung** [파르트-운터브레훙]
- ◆선반 : **Gepäcknetz** [게팩네츠]
- ◆터널 : **Tunnel** [툰넬]
- ◆환상선로 : **Ringbahn** [링반]
- ◆이등석 : **zweiter Klasse** [쯔바이터 클라쎄]
- ◆침대칸 : **Schlafwagen** [슐라프바겐]

[K] 프랑크푸르트행 다음 기차는 몇 시에 떠납니까?
반 패어트 데어 내-히스테 쭉 나흐 프랑크푸르트
Wann fährt der nächste Zug nach Frankfurt?

[F] 4시입니다.
움 피어 우어
Um 4 Uhr.

[K] 그러면 프랑크푸르트행 표 하나 주십시오.
단 게벤 지- 미어 비테 아인말 나흐 프랑크푸르트
Dann geben Sie mir bitte einmal nach

Frankfurt.

[K] 프랑크푸르트행 요금은 얼마입니까?
바스 코스테트 아이네 아인파헤 파르트 나흐 프랑크푸르트
Was kostet eine einfache Fahrt nach

Frankfurt?

[F] 50마르크입니다.
(다스 코스테트) 퓐프찌히 마르크
(Das kostet) 50 DM.

[K] 몇 번 홈에서 탑니까?
벨헤스 글라이스
Welches Gleis?

[F] 4번 홈에서 타십시오.
글라이스 피어
Gleis 4.

▲ICE의 내부

# 교통

보통 유럽에서는 지하철과 버스표를 공통으로 사용되고 있다.
독일에서도 마찬가지이고 버스노선이 잘 발달되어 있고
버스정류장에는 도착 및 출발 시간이 적혀있다.

 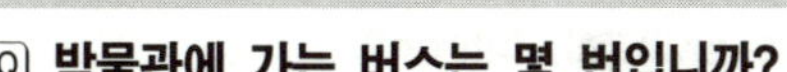 자주 쓰이는 표현

Q **박물관에 가는 버스는 몇 번입니까?**

벨허 부스 패어트 쭘 뮤제움
Welcher Bus fährt zum Museum?

⇨ **10번입니다.**

눔머 쩬
Nr. Zehn.

눔머 쯔바이
· 2번 **Nr. zwei**

눔머 퓐프
· 5번 **Nr. fünf**

눔머 노인
· 9번 **Nr. neun**

눔머 쯔뵐프
· 12번 **Nr. zwölf**

Q **어디서 내려야 합니까?**

보– 무쓰 이히 아우스슈타이겐
Wo muß ich aussteigen?

⇨ **다음 정거장에서요.**

안 데어 네히스텐 할테슈텔레
An der nächsten Haltestelle.

암 포스트암트
· 우체국 **Am Postamt.**

안 데어 엔트슈타치온
· 종점 **An der Endstation**

안 데어 드리테 부스할테슈텔레
· 3번째 정거장 **An der dritte Bushaltestelle**

K 버스정류장이 어디에 있습니까?

보- 이스트 디 부스할테슈텔레
Wo ist die Bushaltestelle?

K 마르크트플랏츠에 가려고 합니다.

이히 빌 쭘 마르크트플랏츠
Ich will zum Marktplatz.

K 몇 번 버스를 타야합니까?

밑 벨헴 부스 무쓰 이히 파-렌
Mit welchem Bus muß ich fahren?

K 어느 쪽에서 타야합니까?

보- 무쓰 이히 아인슈타이겐
Wo muß ich einsteigen?

⇨ **건너서 타십시오.**

슈타이겐 지- 아우프 데어 게겐위버리-겐데 자이테 아인
Steigen Sie auf der gegenüberliegende Seite ein.

K 승차권은 어디에서 삽니까?

보- 칸 만 아이네 파-카르테 카우펜
Wo kann man eine Fahrkarte kaufen?

⇨ **저쪽에 자동판매기가 있습니다.**

도르트 깁트 에스 아이넨 파-카르텐아우토마트
Dort gibt es einen Fahrkartenautomat.

K 제가 내릴 곳을 가르쳐 주십시오.

자겐 지- 미어 비테 보- 이히 아우스슈타이겐 졸
Sagen Sie mir bitte, wo ich aussteigen soll.

K 실례합니다. 좀 내리겠습니다!

엔트슐디궁 이히 뫼히테 예츠트 아우스슈타이겐
Entschuldigung. Ich möchte jetzt aussteigen!

- 버스 : **Bus** [부스]
- 관광버스 : **Stadtrundfahrtbus** [슈타트룬트파르트부스]
- 직행버스 : **direkte Bus** [디렉테부스]
- 버스정류장 : **Bushaltestelle** [부스할테슈텔레]
- 승차권 : **Buskarte** [부스카르테]
- 자동발매기 : **Fahrkartenautomat** [파-카르텐아우토마트]
- 줄 : **Menschenschlange** [멘쉔슐랑에]
- 운전기사 : **Fahrer** [파러]
- 신호등 : **Signallampe** [지그날람페]
- 횡단보도 : **Fußgängerübergang** [푸쓰갱어위버강]
- 차도 : **Fahrbahn** [파-반]
- 좌석 : **Platz** [플라쯔]
- 매표소 : **Fahrkarten-schalter** [파카르텐-샬터]
- 시각표 : **Fahrplan** [파플란]
- 휴식시간 : **Ruhepause** [루에파우제]
- 식사용 휴식 : **Mahlpause** [말-파우제]
- 타다 : **einsteigen** [아인슈타이겐]
- 내리다 : **aussteigen** [아우스슈타이겐]
- 정지하다 : **halten** [할텐]

교통

독일의 대중교통으로 버스, 지하철, 전차 등이 발달되어 있다. 대중교통 요금은 우리나라보다 훨씬 비싼 편이나, 편안하게 이용할 수 있다. 각 도시마다 여러가지로 다른 요금체계가 있으므로 이를 알아두어야 한다.

K 괴테하우스에 가는 버스는 어디에서 탑니까?

보- 칸 이히 덴 부스 쭘 괴테하우스 네-멘
Wo kann ich den Bus zum Goethehaus nehmen?

F 이쪽에서 타십시오.

슈타이겐 지- 히어 아인
Steigen Sie hier ein.

K 몇 번을 타야합니까?

밑 벨헴 부스 무쓰 이히 파-렌
Mit welchem Bus muß ich fahren?

F 제가 타는 버스를 타면 됩니다.

네멘 지- 덴 젤벤 부스 비 이히
Nehmen Sie den selben Bus wie ich.

K 아, 그래요? 잘 됐군요. 제가 내릴 곳을 좀 말 해주십시오.

굳 자겐 지- 미어 비테
Gut, Sagen Sie mir bitte.

보- 이히 아우스슈타이겐 졸
Wo ich aussteigen soll.

F 저는 더 빨리 내립니다.

이히 슈타이게 프리어 아우스 알스 지-
Ich steige früher aus als Sie.

K 당신이 내린 후 몇 정거장을 더 가야합니까?

보- 므쓰 이히 단 아우스슈타이겐
Wo muß ich dann aussteigen?

F 제가 내린 후 3번째 정거장에서 내리십시오.

드라이 할테슈텔렌 슈패트
Drei Haltesrellen später.

숙박

독일에는 호텔의 급수는 매겨져 있지 않지만 방의 수와
서비스에 따라 호텔, 게스트하우스, 팡지온 등으로
나뉘어진다. 또 독일은 유스호스텔의 발상지인 만큼
유스호스텔이 잘 발달되어 있다.

호텔(Hotel)

호텔은 대도시를 중심으로
세계적으로 유명한 호텔 체인점은
대부분 다 있다. 또 기회가
있으면 고성호텔에서 머물러
보기를 바란다. 중세의 늙은
옛성에 레스토랑과 같은
부대시설을 갖춘 것으로 전국에
150~160곳이나 있다. 왕비가
살았던 로맨틱한 성에서부터
고색창연한 옛성까지 종류도 다양하다. 각 도시의 관광국에는
호텔리스트가 있어서 예약을 하지 않아도 소개를 받을 수 있다.

■ 싱글룸(Single Room)

싱글베드가 하나인 1인용 방.

■ 더블(Double Room)

2인용 방으로 더블베드 한 개를 사용.

■ 트윈룸(Twin Room)

2인용 방으로 싱글베드 2개를 사용한다.

■ 커넥팅 룸(Connecting Room)

복도를 통하지 않고 방과 방사이에 있는 전용문으로 옆방에 갈
수 있는 거실.

■ **스위트룸(Suite Room)**

객실에 침실, 거실, 부엌, 욕실등이 완비 되어 있다.

가르니(Garnie)

커피숍이나 레스토랑이 없고 아침식사만 나오는 호텔로 비교적
요금이 싼편이다.

가스트 하우스(Gast haus)

가스트하우스는 가스트 호-프라고도 불리우는데, 1층이
레스토랑이고 2층이 숙박시설로 이루어진 곳으로 중소규모의
도시에 많다. 요금도 비교적 싸다.

유겐트헤어베르게(Jungherberge)

유스호스텔로 전국에 약 600여곳이나 있다. 숙박을 하려면
회원증이 있어야 하고 요금은 1박에 약 20-30DM 정도이고 한
방에 6-8개의 침대가 있고 남녀별로 각각 숙박하고 체크아웃
때는 아침 일찍 방을 비워 주어야 한다.

■ **유스호스텔의 규정**

• 숙박에는 원칙적으로 회원증이 필요하나 할증료를 지불하면
  이용할 수 있는 곳도 있다.
• 시트는 각자 준비하나 판매를 하거나 빌려주는 곳도 있다.
• 호스텔 내의 객실에서는 금주, 금연이 원칙이다. 체크인,
  체크아웃, 폐문시간 등을 엄수한다.
• 같은 호스텔에 3박 이상 계속해서 머무를 수 없다.
• 5~6인이 함께 묵는 기숙사식의 공동 사용식이다.

펜지온(Pansion)

객실 수가 적은 소규모의 숙박시설로 비교적 가격이 저렴하다.
이외에도 지방도시나 리조트주변에는 프리바트 찜머(민박)가
많다. 요금은 식사를 포함해 약 20DM선이다.

숙박

유스호스텔의 나라인만큼 독일에는 싸고 편안한 숙박시설이 아주 많이 있다. 또 독일의 호텔은 방의 수와 시설에 따라 호텔, 유스호스텔, 팡지온 등으로 구분된다.

 자주 쓰이는 표현 

Ⓠ **무엇을 도와 드릴까요?**

바스 뫼히텐 지-
Was möchten Sie?

⇨ **싸고 깨끗한 <u>호텔</u>을 소개해 주십시오.**

쾬넨 지 미이 이이니게 지우비레 운드 빌리게 호텔스 엠펠렌
Können Sie mir einige saubere und billige <u>Hotels</u> empfehlen?

프리바트찜머
• 민박 **Privatzimmer**

팡지오넨
• 펜션 **Pensionen**

유겐트헤어베르게
• 유스호스텔 **Jugendherberge**

가스트호프
• 가스트호프 **Gasthof**

Ⓠ **빈 방 있습니까?**

하벤 지- 아인 찜머 프라이
Haben Sie ein Zimmer frei?

⇨ **<u>어떤 방을 원하십니까?</u>**

바스 퓌어 아인 찜머 뫼히텐 지-
Was für ein <u>Zimmer</u> möchten Sie?

아인 아인쩰찜머
•1인용 방 **ein Einzelzimmer**

아인 찜머 밑 두셰
•샤워시설을 갖춘 방 **ein Zimmer mit Dusche**

아인 도펠찜머
•2인용 방 **ein Doppelzimmer**

아인 루이게스 찜머
•조용한 방 **ein ruhiges Zimmer**

Ⓚ 싼 호텔을 소개해 주십시오.
퀸넨 지- 미어 아이니게 빌리거레 호텔스 엠펠렌
Können Sie mir einige billigere Hotels empfehlen?

Ⓚ 혼자서 묵을 수 있는 호텔을 소개해 주십시오.
퀸넨 지- 미어 아이니게 지허레 호텔스 엠펠렌 보 이히 알라이네 블라이벤 칸
Können Sie mir einige sichere Hotels empfehlen, wo ich alleine bleiben kann?

Ⓚ 싸고 깨끗한 방을 원합니다.
아인 빌리게스 운트 자우버레스 찜머 비테
Ein billiges und sauberes Zimmer, bitte.

Ⓚ 1박에 30마르크 이하의 방을 원합니다.
이히 뫼히테 아인 찜머 운터 드라이씨히 마르크 프로 나흐트
Ich möchte ein Zimmer unter 30 DM pro Nacht.

⇨ 빈 방이 없습니다.
비어 하벤 카인 찜머 메어 프라이
Wir haben kein Zimmer mehr frei.

Ⓚ 아침식사가 포함되어 있습니까?
이스트 다스 프뤼스튁 인클루지베
Ist das Frühstück inklusive?

Ⓚ 나는 아침을 포함한 숙박만을 원합니다.
이히 뫼히테 아이네 위-버나흐퉁 밑 프뤼-슈튁
Ich möchte eine Übernachtung mit Frühstück.

Ⓚ 나는 식사를 하고 싶지 않습니다.
이히 뫼히테 니히츠 에센
Ich möchte nichts essen.

Ⓚ 1박에 얼마입니까?
바스 코스테트 다스 찜머 프로 나흐트
Was kostet das Zimmer pro Nacht?

⇨ 300마르크입니다.
드라이훈더르트 마르크
300 DM.

F 얼마나 머무르실 예정입니까?
비- 랑에 블라이벤 지-
Wie lange bleiben Sie?

⇨ 이틀 밤 동안 묵고 싶습니다.
이히 블라이베 쯔바이 내히테
Ich bleibe zwei Nächte.

K 좀 더 싼 방은 없습니까?
하벤 지- 아인 빌리거레스 찜머
Haben Sie ein billigeres Zimmer?

K 요금은 언제 지불하면 좋겠습니까?
반 졸 이히 베짤렌
Wann soll ich bezahlen?

K 내게는 너무 비쌉니다.
다스 이스트 미어 쭈 토이어
Das ist mir zu teuer.

숙박

호화스러운 호텔 입구 ▶

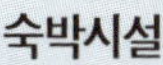

숙박시설

독일의 숙박시설은 다양하며 대부분 청결하기 때문에 자신의 기호와 예산에 맞게 숙박시설을 고를 수 있다. 휴가철에는 미리 숙소를 예약해야 한다. 여행목적지에 도착하면, 역에는 그 도시의 숙박업소의 시설과 연락처가 적힌 안내판이 있으며, 그 곳에서 직접 호텔로 전화를 할 수도 있다. 또한 보통 역 근처에 있는 여행자 안내소에서 숙소를 예약해 둘 수도 있다.

K 안녕하십니까? 제 이름은 홍길동입니다.
구텐 아벤트 마인 나메 이스트 홍 길 동
Guten Abend. Mein Name ist Hong Gil-Dong.

K 욕실이 있는 방 하나 주십시오.
아인 찜머 밑 바트 비테
Ein Zimmer mit Bad, bitte.

F 방은 예약했습니까?
이스트 다스 찜머 레저비-어트
Ist das Zimmer reserviert?

K 예, 공항에서 방을 예약했습니다.
야 이히 하베 아인 찜머 폼 플룩하펜 아우스 레저비어렌 라센
Ja, ich habe ein Zimmer vom Flughafen aus reservieren lassen.

여기에 확인서가 있습니다.
히어 이스트 디 베슈태티궁
Hier ist die Bestätigung.

F 숙박카드에 기입해 주시겠습니까?
뷔르덴 지- 비테 다스 안멜둥스포르뮬라 아우스필렌
Würden Sie bitte das Anmeldungsformular ausfüllen?

이곳에 서명해 주십시오.
운터슈라이벤 지- 히어 비테
Unterschreiben Sie hier bitte.

K 제 방 번호가 무엇입니까?
벨헤 찜머눔머 하베 이히
Welche Zimmernummer habe ich?

F 513호입니다. 열쇠는 여기 있습니다.
눔머 퓐프아인스드라이 히어 이스트 데어 슐뤼쎌.
Nr.513. Hier ist der Schlüssel.

숙박

서비스

고급 호텔에서는 룸서비스, 세탁서비스 등을 제공하고 있고 요즈음에는 fax, 복사 서비스까지도 갖추고 있는 호텔도 있다.

 **자주 쓰이는 표현** ●●●●●●●●●●●●●●●●●●● 

Q 네, 룸서비스입니다.

할로 베디-눙-
Hallo, Bedienung.

➡ **마실 물을 갖다 주세요.**

브링엔 지- 미어 비테 에트바스 미네랄밧서
Bringen Sie mir bitte etwas Mineralwasser.

비스키 밑 아이스
· **얼음을 넣은 위스키 Whisky mit Eis**

바이쓰부어스트 밑 브로트
· **흰 소시지와 빵 Weißwurst mit Brot**

아이네 타쎄 카페
· **커피 한 잔 eine Tasse Kaffee**

Q 무엇을 세탁하고 싶습니까?

바스 뫼히텐 지- 바셴 라센
Was möchten Sie waschen lassen?

➡ **와이셔츠 한 장과 양말 한 켤레입니다.**

아인 오버헴트 운트 아인 파르 조켄
Ein Oberhemd und ein paar Socken.

아인 호제
· **바지 Ein Hose**

아이네 블루제
· **블라우스 Eine Bluse**

아이넨 록
· **치마 Einen Rock**

아이네 야케
· **쟈켓 Eine Jacke**

Ⓚ 내일 아침 6시에 깨워주세요.
베켄 지- 미히 비테 모르겐 프뤼 움 젝스 우어
Wecken Sie mich bitte morgen früh um sechs Uhr.

Ⓚ 내 방에서 아침을 먹을 수 있을까요?
칸 이히 아우프 마이넨 찜머 프뤼-슈틱켄
Kann ich auf meinen Zimmer frühstücken?

Ⓚ 청소를 해 주십시오.
라이니겐 지- 다스 비테
Reinigen Sie das bitte.

Ⓚ 방을 바꾸고 싶습니다.
이히 뫼히테 다스 찜머 벡슬른
Ich möchte das Zimmer wechseln.

Ⓚ 이 방은 시끄러워요.
디-제스 찜머 이스트 쭈 라우트
Dieses Zimmer ist zu laut.

Ⓚ 비누가 없어요.
에스 깁트 카이네 자이페 히어
Es gibt keine Seife hier.

Ⓚ 타월을 더 갖다 주세요.
게-벤 지- 미어 비테 노흐 바이터레 한트튀허
Geben Sie mir bitte noch weitere Handtücher.

Ⓚ 방에다 열쇠를 두었어요.
이히 하베 덴 슐뤼-셀 인 마이넴 찜머 게라센
Ich habe den Schlüssel in meinem Zimmer gelassen.

Ⓚ 뜨거운 물이 안 나와요.
에스 콤트 카인 바르메스 밧서
Es kommt kein warmes Wasser.

Ⓚ 화장실 물이 안 나와요.
디 슈퓔룽 데어 토알렛테 풍치오니-어트 니히트
Die Spülung der Toiette funktioniert nicht.

- **◆룸서비스 : Zimmerbedienung** [찜머베디-눙-]
- **◆모닝콜 : Moringcall** [모닝콜]
- **◆청소 : Reinigung** [라이니궁]
- **◆세탁 : Waschen** [바셴]
- **◆메이드 : Dienstmädchen** [딘스트메트헨]
- **◆욕실 : Badezimmer** [바데찜머]
- **◆냉방 : Klimaanlage** [클리마안라게]
- **◆난방 : Heizung** [하이쭝]
- **◆방열쇠 : Zimmerschlüssel** [찜머슐리쎌]
- **◆수건 : Handtuch** [한트투흐]
- **◆목욕수건 : Badetuch** [바데투흐]
- **◆칫솔 : Zahnbürste** [짠뷔르스테]
- **◆샴푸 : Shampoo** [샴뿌]
- **◆린스 : Nachspülmittel** [나흐슈퓔미텔]
- **◆슬리퍼 : Pantoffel** [판토펠]
- **◆TV : Fernsehapparat** [페른-제아파라트]
- **◆비디오 : Video** [비데오]

숙박

객실에서 목욕할 때에는 먼저 수도 꼭지를 틀어 놓은 후, 커튼을 욕탕 안으로 치고 욕조에 온수를 채운다. 몸은 욕조 안에서 씻으며 욕조 밖에서 물을 쓰지 않도록 한다.
물을 쓰고 난 후에는 욕조 안의 물을 뺀 다음 샤워로 비누 찌꺼기를 깨끗이 씻어 낸다. 또 욕실에 드리워져 있는 끈은 긴급 호출용이므로 함부로 당기지 말아야 한다.

K 여보세요! 룸서비스입니다.

할로 베디-눙-
Hallo! Bedienung.

F 네, 여기는 927호입니다. 스테이크와 와인을 부탁합니다.

눔머 노인 쯔바이 지-벤 아인 슈텍 운트 바인 비테
Nr. 927. Ein Steak und Wein bitte.

K 네, 성함을 말씀해 주십시오.

이어렌 나멘 비테
Ihren Namen, bitte.

F 저는 홍 길동입니다.

마인 나메 이스트 홍길동
Mein Name ist Hong, Gil-Dong.

스테이크는 완전히 익혀 주십시오.

브라텐 지- 다스 슈텍 두르히 비테
Braten Sie das Steak durch bitte.

K 그밖에 또 필요한 것은 없습니까?

존스트 노흐 에트바스
Sonst noch etwas?

K 없습니다. 언제까지 됩니까?

다스 이스트 알레스
Das ist alles.

반 쾬넨 지- 에스 힌아우프 브링엔
Wann können Sie es hinauf bringen?

F 30분 이후에 갖다드리겠습니다. 감사합니다.

비어 브링엔 에스 인 드라이씨히 미누텐 당케쉔
Wir bringen es in 30 Minuten. Danke schön

숙박

시설이용

고급호텔에는 수영장, 바, 커피숍 등 여러 가지 편의시설이 잘 설비되어 있으므로 호텔에 머무는 동안에 객실에만 있지 말고 멋진 여행을 즐기도록 하자.

 **자주 쓰이는 표현** 

Q 이 호텔에는 미장원이 있습니까?

깁트 에스 임 호텔 아이넨 다멘프리죄어살롱
Gibt es im Hotel einen Damenfriseursalon?

⇨ **네, 있습니다.**

아 에스 깁드 아이넨
Ja, es gibt einen.

아인 슈빔바트
• **수영장** ein Schwimmbad

아이넨 지쭝스잘
• **회의실** einen Sitzungssaal

아이네 자우나
• **사우나** eine Sauna

아인 레스토랑
• **식당** ein Restaurant

Q 이발하시겠습니까?

볼렌 지- 지히 디 하레 슈나이덴 라센
Wollen Sie sich die Haare schneiden lassen?

⇨ **약간 짧게 깎아 주십시오.**

비테 슈나이덴 지- 지 에트바스 퀴르쩌
Bitte schneiden Sie sie etwas kürzer.

아인 다우어벨레 레겐
• **파마** ein Dauerwelle legen

라지어른
• **면도** Rasieren

디 하레 밑 샴푸
• **샴푸** die haare mit Shampoo

디 하레 트로크넨
• **드라이** die Haare trocknen

Ⓚ 로비는 어디에 있습니까?
보- 이스트 디 로비
Wo ist die Lobby?

Ⓚ 바는 몇 층에 있습니까?
임 비-필텐 슈톡 이스트 디 바
Im wievielten Stock ist die Bar?

⇨ 3층입니다.
디 바 이스트 임 쯔바이텐 슈톡
Die Bar ist Im der zweiten Stock.

Ⓚ 수영장은 몇 시에 문을 엽니까?
반 외프네트 다스 슈빔바트
Wann öffnet das Schwimmbad?

⇨ 오후 1시에 문을 엽니다.
에스 외프네트 움 아인 우어 나흐미탁스
Es öffnet um ein Uhr nachnittags.

Ⓚ 제 열쇠를 2시까지 보관해 주십시오.
칸 이히 마이넨 슐리쎌 비스 쯔바이 우어 아우프베바렌 라센
Kann ich meinen Schlüssel bis zwei Uhr aufbewahrren lassen?

Ⓚ 회의는 어디에서 열립니까?
보- 핀데트 디 콘페렌쯔 슈타트
Wo findet die Konferenz statt?

⇨ 회의실은 6층입니다.
데어 지쭝스잘 이스트 임 퓐프텐 슈톡
Der Sitzungssaal ist im der fünften Stock.

Ⓚ 비디오를 시청하려고 합니다.
이히 뫼히테 아이넨 비데오필름 제-엔
Ich möchte einen Videofilm sehen.

Ⓕ 3번을 누르십시오.
슈텔렌 지- 카날 드라이 아인
Stellen Sie Kanal 3 ein.

- **로비** : **Vorhalle** [포어할레]
- **식당** : **Speisesaal** [슈파이제잘]
- **스낵바** : **Imbißhalle** [임비쓰할레]
- **커피숍** : **Café** [카페]
- **디스코텍** : **Diskothek** [디스코텍]
- **수영장** : **Schwimmbad** [슈빔바트]
- **미용실** : **Damenfriseursalon** [다멘프리죄어샬롱]
- **이발소** : **Herrenfriseursalon** [헤렌프리죄어샬롱]
- **귀중품보관함** : **Safe** [세이프]
- **아이스박스** : **Icebax** [아이스박스]
- **파마** : **Dauerwelle** [다우어벨레]
- **세트** : **Wellenform** [벨렌포름]
- **커트** : **Haarschneiden** [하-슈나이덴]
- **드라이** : **Haartrockner** [하-트로크너]
- **면도** : **Rasieren** [라지어른]
- **컴퓨터** : **Computer** [콤퓨터]
- **복사** : **Kopi** [코피]

카드키 ▶
1. 카드키를 넣었다 뺀다.
2. 녹색 불이 들어오면
   손잡이를 돌린다.

F 여보세요, 미장원입니다.
할로 코스메틱샬롱
Hallo, Kosmetiksalon

K 오늘 오후로 예약을 하고 싶습니다.
이히 뫼히테 미히 퓌어 호이테 암멜덴
Ich möchte mich für heute anmelden.

F 1시에서 2시까지 비어 있습니다.
비어 하벤 짜이트 폰 아인 우어 비스 쯔바이 우어
Wir haben Zeit von ein Uhr bis zwei Uhr.

K 1시에 가겠습니다.
이히 콤메 움 아인 우어 도르트힌
Ich komme um ein Uhr dorthin.

K 김 미자입니다.
이히 하이쎄 김미자
Ich heiße Kim, Mi-Ja.

Por favor arregle la habitación	No molesten
Please make up the room	Do not disturb
Prière de faire la chambre	Prière de ne pas déranger
Bitte zimmer aufräumen	Bitte nicht stören

▲청소를 원할 때 　　▲방해받기 싫을 때

숙박

체크아웃

체크아웃은 열쇠를 프론트에 돌려 주면서 요금계산을 한다.
체크아웃 시간은 11시~12시가 일반적인데, 호텔에 따라 다를
수도 있으므로 알아보도록 한다. 만일 귀중품을 보관시켰다면
반드시 되찾아야 한다.

자주 쓰이는 표현

숙박

Q **언제 체크아웃하시겠습니까?**

반 라이젠 지- 압
Wann reisen Sie ab?

⇨ **지금하고 싶습니다.**

이히 뫼히테 예츠트 압라이젠
Ich möchte jetzt abreisen.

움 쩬 우어
· **10시 um zehn Uhr**

움 앨프 우어
· **11시 um elf Uhr**

암 포어미탁
· **아침 am Vormittag**

모르겐
· **내일 morgen**

F **어떻게 지불하시겠습니까?**

보밑 베짤렌 지-
Womit bezahlen Sie?

⇨ **현금으로 지불하겠습니다.**

이히 베짤레 밑 바-겔트
Ich bezahle mit Bargeld.

라이제쉑
· **여행자수표 Reisescheck**

크레딕트카르테
· **신용카드 Kreditkarte**

K 지금 체크아웃 하겠습니다.
이히 뫼헤테 예츠트 압라이젠
Ich möchte jetzt abreisen

K 숙박비를 계산해 주십시오.
디 레히눙 비테
Die Rechnung bitte.

K 카드로 지불하겠습니다.
이히 베짤레 밑 크레디트카르테
Ich bezahle mit Kreditkarte.

⇨ 모두 50마르크입니다.
다스 코스테트 쯔잠멘 퓐프찌히 마르트
Das kostet zusammen 50 DM.

K 이것은 무슨 요금입니까?
보퓌어 이스트 데어 프라이스
Wofür ist der Preis?

⇨ 그것은 세금입니다.
다스 이스트 퓌어 디 메어베르트슈토이어
Das ist für die Mehrwertsteuer.

F 키를 돌려 주십시오.
게벤 지- 미어 비테 덴 슐리쎌 쯔뤽
Geben Sie mir bitte den Schlüssel zurück.

K 짐꾼을 보내 주세요.
슈틱켄 지- 미어 비테 아이넨 게펙트래거
Schicken Sie mir bitte einen Gepäckträger.

K 택시를 불러 주십시오.
루펜 지 아인 탁시 비테
Rufen Sie ein Taxi bitte.

⇨ 택시가 기다리고 있습니다.
드라우쎈 이스트 아인 탁시 퓌어 지
Draußen ist ein Taxi für Sie.

 **실제 회화** 

K 체크 아웃하겠습니다.

이히 첵케 아웃
Ich Checke out.

F 방 번호를 말씀해 주십시오.

이어레 찜머눔머 비테
Ihre Zimmernummer bitte?

K 327호 홍길동입니다

홍길동 찜머 눔머 드라이 쯔바이 지벤
Hong, Gil-Dong, Zimmer Nr. 327.

F 이것이 계산서입니다. 200마르크입니다.

히어 이스트 이-레 레히눙 쯔바이훈데르트 마르크
Hier ist Ihre Rechnung. 200 DM.

K 여행자 수표를 받습니까?

네-멘 지- 아우흐 라이제섹스
Nehmen Sie auch Reiseschecks?

F 네, 대환영입니다.

야 나튀어리히 게른
Ja, natürlich gern.

K 그러면 200마르크분 여행자수표를 지불하겠습니다.

단 짤레 이히 쯔바이훈데르트 마르크 인 라이제쉑스
Dann zahle ich 200 DM in Reiseschecks.

F 알겠습니다. 감사합니다.

인 오르트눙 필렌 당크
In Ordnung. Vielen Dank.

호텔 이용시 유의사항

객실에서

① 객실내에서 음식을 조리하는 일은 피해야 하며 특히 창문을 열 수 없는 객실에서는 더욱 그렇다. 키친네트(Kitchenette)가 있는 객실에서는 조리해도 상관없다.

② 객실에는 '미니바'라는 작은 냉장고에 음료수나 주류가 비치되어 있어 어느때나 사용할 수는 있지만 요금이 시중 가격보다 30~80%정도 비싸다.

③ 객실내에 비치된 안내책자 등을 읽어보고 객실내 설비나 전화를 사용하는데 이용한다.

④ 침대 위에 깔끔하게 접어진 얇은 이불호창같은 커버가 있는데 그게 이불이다. 취침시는 이 커버를 벗겨내고 사용해야 한다.

⑤ 객실에 있을 때는 문을 잠그고 있어야 하며 방문객이 오면 도어체인(Door Chain)이 걸어진 상태에서 확인하고 문을 연다.

⑥ 편지지나 비누, 샴푸같은 것은 소모성 물건이기 때문에 기념으로 가져도 상관 없지만 타월, 컵, 옷걸이 등은 망신을 당하게 될 뿐만 아니라 배상도 해야 한다.

⑦ 외국호텔에는 1회용 칫솔이 없다. 칫솔이 없으니 치약이 있을리는 만무하다. 따라서 칫솔이나 치약은 개인적으로 준비해 가야한다.

욕실에서

① 호텔의 욕실은 하수구 처리가 되어 있지 않으므로 욕조 안에서만 목욕을 하고 목욕 후에는 욕조를 깨끗이 처리한다.

② 샤워시에는 커덴 자락을 욕조 안쪽으로 쳐놓아 물이 밖으로 튀지 않게 한다.

③ 일부 호텔에서는 밤 10시부터 새벽 5시까지 다른 사람의 수면에 방해가 된다고 목욕물 트는 것을 금지한다.

④ 온수꼭지에는 빨간색이나 H(Hot)가 있고 냉수꼭지에는 파란색이나 C(Cold)가 있다.

독일요리라고 하면 제일 먼저 떠오르는 것은 소세지와 감자요리이다. 실제 독일에서는 유명한 후랑크소세지를 시작해서 1,500종류의 소세지가 있다고 한다. 지역이나 거리에 따라 맛이 다르므로 여러가지 종류의 소세지를 즐겨보면 좋을 듯하다.

또 소금에 절인 돼지족발을 익힌 아이스바인이나 슈닛쉘은 어디에서든지 즐길 수 있는 독일을 대표하는 요리이다.

식당의 종류

■ 레스토랑(Restaurant)

뮌헨에는 고급레스토랑이 많고, 요리수준도 높다.

■ 비어홀(Bierhalle)

독일은 세계적으로 유명한 맥주를 마실 수 있는 곳이다. 시내에는 비어홀이 많고 수천명을 수용할 수 있는 가게에서부터 조그마한 가게까지 있는데 식사도 할 수 있다.

■ 임비스(Imbiß)

일종의 포장마차로 싼가격에 맥주와 둥근빵 등을 먹을 수 있다.

■ 슈퍼마켓(Supermarkt)

생필품은대부분 가격이 싸고 특히 과일이 아주 싸다. 간단하게 빵과 과자를 구해서 요기를 채울 수도 있다.

레스토랑 이용법

레스토랑은 대개 상점 앞에 메뉴를 게시해 둔 곳이 많으므로 확인을 한 다음 레스토랑에 들어갈지 아닐지를 결정하는 것이 좋다. 고급식당이나 인기있는 가게에서는 예약을 필요로 한다.

예약은 호텔의 프론트에서 할 수 있다.

가게에 도착하면 예약을 했다고 말하고 급사가 자리를 안내해 줄 때까지 기다린다. 식사를 마치면 급사가 계산서를 접시에 올려 가지고 오면 그 금액을 지불한다. 독일의 레스토랑에서는 반드시 팁을 내야 하는 것은 아니다. 그러나 거스름돈이 50Pf 이하이면 거스름돈을 받지 않는 것이 상례이고, 팁을 주는 경우에는 1인당 1DM 정도이면 충분하다.

식사매너

매너는 다른손님에게 폐를 끼치지 않는다라는 생각을 기본으로 하면 그렇게 어려운 것은 아니다.

① **가능한한 소리를 내지 않는다.**
  스프를 마시는 소리, 포크, 나이프소리를 크게내지 않도록 하고, 크게 웃는 것은 삼가자.

② **담배는 식후의 커피를 마신 다음에.**
  연기나 냄새를 싫어하는 사람이 있으므로 금연석으로 지정된 자리에서는 담배를 피지 않는다.

③ **식사를 다 끝내어도 바로 자리를 뜨지 않는다.**
  다른 사람이 식사를 끝낼 때 까지 기다리고, 요리의 여운을 음미하자.

영업시간

레스토랑의 영업시간은 대개 10시부터 24시까지이고 연중 무휴인 곳이 많다.

간이식당 ▶

# 식사

고급 레스토랑이나 인기있는 식당은 가기 전에 미리 예약을 하고 가는 것이 좋다. 독일에는 감자요리와 소세지가 지역에 따라 독특하고 유명하므로 한번 먹어 보는게 좋을 듯 하다.

 **자주 쓰이는 표현** ●●●●●●●●●●●●●●●●●●●●●●●●●● 

Q **무엇을 주문하시겠습니까?**

바스 볼렌 지- 베슈탤렌
Was wollen Sie bestellen?

⇨ **정식을 주십시오.**

이히 네 메 다스 타게스메뉘
Ich nehme das Tagesmenü.

아인 슈피이겔아이
- 계란프라이 **ein Spiegelei**

아인 슈텍
- 스테이크 **ein Steak**

린트플라이쉬
- 쇠고기요리 **Rindfleisch**

아이네 브라트부어스트
- 구운 소세지 **eine Bratwurst**

Q **스테이크는 어떻게 해드릴까요?**

비- 뫼히텐 지- 이어 슈텍
Wie möchten Sie Ihr Steak?

⇨ **완전히 익혀 주십시오.**

간쯔 두르히게브라텐
Ganz durchgebraten.

할프 두르히게브라텐
- 적당히 익혀 **Halb durchgebraten**

오 포인트 두르히게브라텐
- 겉만 익혀 **Au point durchgebraten**

K 웨이터!
헤어 오버
Herr Ober!

K 여보세요.
할로
Hallo.

▲ 소금을 넣은 빵

K 정장차림이어야만 합니까?
졸 만 아이넨 안쭉 트라겐
Soll man einen Anzug tragen?

K 이 근처에 싸고 좋은 식당이 있습니까?
깁트 에스 히어 아인 니히트 조 토이어레스 레스토랑
Gibt es hier ein nicht so teueres Restaurant?

K 이 근처에 훌륭한 레스토랑이 있습니까?
쾬넨 지- 미어 아인 구테스 레스토랑 히어 인 데어 내헤 엠펠렌
Können Sie mir ein gutes Restaurant hier in der Nähe empfehlen?

K 테이블 하나를 예약하고 싶습니다.
이히 뫼히테 아이넨 티쉬 레저비어렌 랏센
Ich möchte einen Tisch reservieren lassen.

F 몇 사람입니까?
퓌어 비- 필레 페르조넨
Für wie viele Personen?

⇨ 두 사람이 앉을 수 있는 테이블을 예약하고 싶습니다.
이히 뫼히테 아이넨 티쉬 퓌어 쯔바이 페르조넨 레저비어렌 라센
Ich möchte einen Tisch für zwei Personen reservieren lassen.

F 언제입니까?
퓌어 비필 우어
Für wieviel Uhr?

⇨ 오늘 저녁 7시에 가겠습니다.
퓌어 호이테 아벤트 움 노인쩨엔 우-어
Für heute abend um 19 Uhr.

K 배가 고픕니다.
이히 하베 훙어
Ich habe Hunger.

K 메뉴판을 가져다 주세요!
디 슈파이제카르테 비테
Die Speisekarte, bitte!

K 영어로 된 메뉴는 없습니까?
하벤 지- 아이네 슈파이제카르테 아우프 엥리쉬
Haben Sie eine Speisekarte auf Englisch?

K 이곳의 명물음식은 무엇입니까?
바스 이스트 디 슈페찌알리테트 인 디-저 게겐트
Was ist die Spezialität in dieser Gegend?

⇨ 이곳에는 소시지가 유명합니다.
디 히-지젠 뷔어스테 진트 베칸트
Die hiesiegen Würste sind bekannt.

F 족발요리를 드셔보세요.
이히 엠펠레 이-넨 아이스바인
Ich empfehle Ihnen Eisbein.

K 빵을 좀 더 주십시오.
쾬테 이히 노흐 에트바스 브로트 하벤
Könnte ich noch etwas Brot haben?

K 물은 무료입니까?
이스트 다스 밧서 코스텐로스
Ist das Wasser Kostenlos?

F 음식이 맛있었습니까?
핱 다스 에쎈 이-넨 굴 게슈멕트
Hat das Essen Ihnen gut geschmeckt?

⇨ 아주 맛있습니다.
에스 슈매크트 미어 굴
Es schmeckt mir gut.

식
사

◆**식당** : Restaurant [레스토랑]
◆**한국식당** : Koreanisches Restaurant [코레아니쉐스 레스토랑]
◆**중국식당** : Chinesisches Restaurant [히네지쉐스 레스토랑]
◆**일본식당** : Japanisches Restaurant [야파니쉐스 레스토랑]
◆**프랑스식당** : Französisches Restaurant [프란쬐지쉐스 레스토랑]
◆**이태리식당** : Italienisches Restaurant [이탈리에니쉐스 레스토랑]
◆**예약** : Reservierung [레저비어룽]
◆**패스트푸드점** : Fastfood [패스트푸드]
◆**간이식당** : Imbiß [임비쓰]
◆**주문** : Bestellung [슈텔룽]
◆**메뉴** : Speisekarte [슈파이제카르테]
◆**정식** : Menü [메뉘]
◆**요리** : Speise [슈파이제]
◆**웨이타** : Herr ober [헤어오-버]
◆**웨이트리스** : Fräulein [프로일라인]

독일요리 중에 특별한 것으로는 소시지와 감자가 유명하고, 1,000종 이상의 소시지는 지방에 따라 다르고 또한 각 지방의 특색있는 재료를 즐길 수 있으며, 감자 역시 다양한 요리법이 있어 시내에는 감자 요리 전문점까지 있을 정도다. 독일 맥주 또한 유명하며 지방마다 특색이 있다. 하지만 맥주보다 더 종류가 많은 것이 와인이다. 독일의 와인은 대개가 백포도주로 향이 높고 산뜻하여 프랑스 와인과는 또다른 맛이 있다.

K 여보세요, 거기가 식당입니까?

할로 이스트 다 다스 레스토랑
Hallo, Ist da das Restaurant?

K 7시 30분에 4인용 좌석을 예약하고 싶습니다.

이히 뫼히테 아이넨 티쉬 퓌어 피어 페르조넨
Ich möchte einen Tisch für 4 Personen

움 할프 아흐트 레저비어렌
um halb acht reservieren.

F 죄송합니다만, 빈자리가 없습니다.

에스 투트 미어 라이트, 알레 플래체 진트 숀 베제츠트
Es tut mir leid, alle Plätze sind schon besetzt.

K 몇 시쯤이면 예약할 수 있습니까?

움 비필 우어 쾬넨 비어 필라이히트 콤멘
Um wieviel Uhr können wir vielleicht kommen?

F 9시 30분에는 가능합니다.

비어 하벤 아이넨 티쉬 움 할프 쩬
Wir haben einen Tisch um halb zehn.

K 그러면 9시 30분에 하겠습니다.

단 아이넨 티쉬 움 할프 쩬
Dann einen Tisch um halb zehn.

F 이름을 가르쳐 주십시오.

다르프 이히 움 이어렌 나멘 비텐
Darf ich um Ihren Namen bitten?

K 홍길동입니다.

이히 하이쎄 홍 길 동
Ich heiße Hong, Gil-dong.

식
사

식사

다른 손님에게 폐를 끼치지 않도록 하는 것이 식사 매너이다.
음료수는 별도로 계산해야 하며 식수도 별도로 주문하고 돈을
내야 한다.

 자주 쓰이는 표현 

Q **부르셨습니까?**

하벤 지- 미히 게루펜
Haben Sie mich gerufen?

⇨ **포크를 떨어뜨렸습니다.**

이히 하베 마이네 가벨 팔렌 라센
Ich habe meine Gabel fallen lassen.

마이넨 뢰펠
· 숟가락 meinen Löffel

마이넨 베혀
· 컵 meinen Becher

마이네 제르비테
· 냅킨 meine Serviette

마이넨 텔러
· 접시 meinen Teller

Q **소금을 좀 건네 주시겠습니까?**

쾬넨 지- 미어 비테 다스 잘쯔 게벤
Können Sie mir bitte das Salz geben?

⇨ **네, 여기 있습니다.**

야 히어 비테
Ja, hier bitte.

디 페퍼
· 후추 die Pfeffer

디 마요네제
· 마요네즈 die Mayonnaise

다스 브로트
· 빵 das Brot

다스 드레싱
· 드레싱 das Dresing

K 이것은 어떤 요리입니까?
바스 퓌어 아인 게리히트 이스트 다스
Was für ein Gericht ist das?

K 이것은 쇠고기입니까?
이스트 다스 린트플라이쉬
Ist das Rindfleisch?

F 생선요리를 드셔보십시오.
이히 엠펠레 이-넨 피쉬 쭘 에쎈
Ich empfehle Ihnen Fisch zum Essen

F 커피를 좀 더 드시겠습니까?
뫼히텐 지- 노흐 아이넨 카페
Möchten Sie noch einen Kaffee?

⇨ 아니오, 충분합니다.
나인 당케 이히 하베 게눅
Nein danke, Ich habe genug.

K 나이프와 포크가 있습니까?
칸 이히 비테 메써 운트 가벨 하벤
Kann ich bitte Messer und Gabel haben?

K 이것은 어떻게 먹습니까?
비 이스트 만 다스
Wie ißt man das?

⇨ 저처럼 하십시오.
막헨 지- 에스 비테 조 비 이히
Machen Sie es bitte so wie ich.

K 이것은 내가 주문한 것과 다릅니다.
이히 글라우베 다스 하베 이히 니히트 베슈텔트
Ich glaube, das habe ich nicht bestellt.

K 요리가 아직 나오지 않았습니다.
마인 에쎈 하베 이히 노흐 니히트 베콤멘
Mein Essen habe ich noch nicht bekommen.

식
사

▼

F 맛있게 드셨습니까?

할츠 게슈메크트
Hat's geschmeckt?

⇨ 네, 맛있게 먹었습니다.

에스 슈멕트 굳
Es schmeckt gut.

K 아이스크림은 있습니까?

깁트 에스 슈파이제아이스
Gibt es Speiseeis?

K 와인 리스트를 보여 주십시오.

브링엔 지– 미어 비테 디 바인카르테
Bringen Sie mir bitte die Weinkarte.

K 적포도주를 한 병 주십시오.

게벤 지– 미어 비테 아이네 플라쉐 로트바인
Geben Sie mir bitte eine Flasche Rotwein.

K 남은 음식은 싸 주십시오.

이히 뫼히테 덴 리스트 밑네멘
Ich möchte den Rest mitnehmen.

F 함께 계산하십니까? 각자 계산하십니까?

짤렌 지– 쭈잠멘 오더 게트렌트
Zahlen Sie zusammen oder getrennt?

독일의 음식점에서는 반드시 팁을 주어야 하는 것은 아니나 계산은 웨이터(Herr Ober)나 웨이트리스(Fräulein)가 직접 테이블로 계산서를 가져온다. 거스름돈을 받지 않는 것이 상례이거나, 1마르크 정도를 주면 된다.

◆**고기** : **Fleisch** [플라이쉬]

◆**쇠고기** : **Rindfleisch** [린트플라이쉬]

◆**돼지고기** : **Schweinfleisch** [슈바인플라이쉬]

◆**양고기** : **Hammelfleisch** [함멜플라이쉬]

◆**등심** : **Rinderlendenstück** [린더렌덴슈튁]

◆**소세지** : **Wurst** [부어스트]

◆**햄** : **Schinken** [슁켄]

◆**베이컨** : **Speck** [슈펙크]

◆**치즈** : **Käse** [케제]

◆**버터** : **Butter** [부터]

◆**야채** : **Gemüse** [게뮈제]

◆**양배추** : **Kohl** [콜-]

◆**상치** : **Kopfsalat** [코프잘라트]

◆**당근** : **Karotte** [카로테]

◆**오이** : **Gurke** [구르케]

◆**감자** : **Kartoffel** [카르토펠]

◆**호박** : **Kürbis** [퀴르비스]

◆**토마토** : **Tomate** [토마테]

◆**나이프** : **Tischmesser** [티쉬멧서]

◆**스푼** : **Löffel** [뢰펠]

◆**냅킨** : **Serviette** [제르비에테]

◆**맛** : **Geschmack** [게슈마크]

◆**드레싱** : **Salatsoße** [잘라트조쎄]

◆**자극적인** : **scharf** [샤르프]

◆**신** : **sauer** [자우어]

◆**쓴** : **bitter** [비터]

◆**짠** : **salzig** [잘찌히]

◆**단** : **süß** [쥐쓰]

식사

K 이것은 어떻게 먹습니까?

비- 이스트 만 다스
Wie ißt man das?

K 이렇게 하시면 됩니다.

지- 쾬넨 에스 조 비- 이히 막헨
Sie können es so wie ich machen.

F 후추를 좀 건네 주시겠습니까?

쾬넨 지- 미어 비테 덴 페퍼 게-벤
Können Sie mir bitte den Pfeffer geben?

K 네, 여기 있습니다.

야 히어 비테
Ja, hier bitte.

F 맛이 어떻습니까?

비- 슈메크트 에스 이-넨
Wie schmeckt es Ihnen?

K 약간 짜지만 맛있습니다.

에스 슈메크트 잘찌히 아버 굳
Es schmeckt salzig, aber gut.

빵을 좀 더 드시겠습니까?

뫼히테스트 두 노흐 에트바스 브로트 하벤
Möchtest du noch etwas Brot haben?

F 아니오, 충분합니다.

나인 당케 이히 하베 게눅
Nein danke, ich habe genug.

식사

세계적으로 체인점을 갖고 있는 패스트푸드점은 가격도
저렴하고 편안하게 식사를 할 수 있는 곳이다. 특히 간단한
음료수를 마시거나 화장실을 이용할 수 있어 편리하다.

 **자주 쓰이는 표현** •••••••••••••••••••• 

Q 샌드위치 안에 무엇을 넣어드릴까요?

보밑 뫼히텐 지- 이어 브로트 베렉트
Womit möchten Sie Ihr Brot belegt?

⇨ **계란을 넣어 주십시오.**

밑 아이 비테
Mit Ei Bitte.

싱켄
- **햄** Schinken

케제
- **치즈** Käse

투어피쉬
- **참치** Turfisch

카르토펠-퓌레
- **으깬감자** Kartoffel-püree

Q 음료수는 무엇으로 드릴까요?

바스 뫼히텐 지- 트링켄
Was möchten Sie trinken?

⇨ **콜라 작은 것으로 주십시오.**

아인 클라이네스 글라스 콜라 비테
Ein kleines Glas Cola bitte.

아이네 클라이네 타세 카페
- **커피** Eine kleine Tasse Kaffee

아이넨 자프트
- **쥬스** Einen Saft

아인 글라스 밀히
- **우유** Ein Glas Milch

아인 글라스 카카오
- **코코아** Ein Glas Kakao

F 무엇을 도와드릴까요?
바스 뫼히텐 지-
Was möchten Sie?

K 닭 반마리 주십시오.
비테 아인 할베스 핸헨
Bitte ein halbes Hähnchen.

K 핫도그에 겨자소스를 뿌려 주세요.
게벤 지- 미어 비테 덴 핫도그 밑 젠프
Geben Sie mir bitte den Hotdog mit Senf.

F 가지고 갈겁니까? 여기서 먹을 겁니까?
뫼히텐 지- 에스 히어 에쎈 오더 밑네-멘
Möchten Sie es hier essen oder mitnehmen?

⇨ 가지고 갈겁니다.
쭘 밑네-멘 비테
Zum Mitnehmen, bitte.

⇨ 여기서 먹을 것입니다.
이히 에세 다스 히어
Ich esse das hier.

F 저기서 좀 기다려 주십시오.
바르텐 지- 비테 도르트
Warten Sie bitte dort!

K 빨대는 어디있습니까?
보- 깁트 에스 디 슈트로-할메
Wo gibt es die Strohhalme.

K 이 자리에 앉아도 됩니까?
다르프 이히 디젠 플라츠 네멘
Darf ich diesen Platz nehmen?

F 네, 앉으십시오.
야 비테 제첸 지- 지히
Ja, Bitte setzen Sie sich.

- **핫도그 : Hat dog** [핫도그]
- **햄버거 : Hamburger** [햄버거]
- **샌드위치 : Sandwich** [샌드위치]
- **피자 : Pizza** [피자]
- **감자튀김 : Pommes frites** [폼프뤼트]
- **스파게티 : Spaghetti** [스파게티]
- **애플파이 : Apfelkuchen** [아펠쿡헨]
- **후라이드 치킨 : Hähnchen** [핸헨]
- **샐러드 : Salat** [잘라트]
- **우유 : Milch** [밀히]
- **콜라 : Cola** [콜라]
- **밀크쉐이크 : Milkshake** [밀크쉐이크]
- **작은 것 : etwas Kleines** [에트바스 글라이네스]
- **큰 것 : etwas Großes** [슈에트바스 그로쎄스]
- **빨대 : Strohhalme** [슈트로-할메]
- **셀프서비스 : Selbstbedienung** [젤프스트베디-눙]

식
사

고급 레스토랑에서의 저녁식사의 복장은 남성의 경우는 넥타이와 양복을 입고, 여성은 정장이 바람직하다. 식사를 할 때는 지나치게 소리를 내지 않는 것이 좋으며 나이프와 포크는 바깥쪽에 놓인 것부터 차례로 사용하고, 빵은 손으로 뜯어서 먹는다. 담배는 식사가 끝난 후 디저트가 시작될 때가지 기다리며 금연석인 경우는 필 수가 없다.

메뉴를 알아보기 힘들때는 부끄러워 하지 말고 그 식당의 유명한 요리나 잘하는 요리를 물어 보는 것이 좋다.

F 어서오십시오.

구텐 탁
Guten Tag.

K 햄버그 하나와 콜라 작은 것 하나를 주십시오.

아이넨 햄버거 운트 아인 클라이네스 글라스 콜라 비테
Einen Hamburger und ein kleines Glas
Cola bitte.

F 여기서 드실겁니까, 가져가실겁니까?

히어 에센 어더 밑네-멘
Hier essen, oder mitnehmen?

K 가지고 갈겁니다.

쭘 밑네-멘 비테
Zum Mitnehmen, bitte.

F 햄버그 안에 무엇을 넣어드릴까요?

보밑 뫼히텐 지- 이어렌 햄버거
Womit möchten Sie Ihren Hamburger?

K 베이컨과 치즈를 넣어주세요.

밑 슈펙 운트 케제
Mit Speck und Käse.

F 샐러드는 필요하지 않습니까?

뫼히텐 지- 카이넨 잘라트
Möchten Sie keinen Salat?

K 아니오, 고맙습니다.

나인 당케
Nein, danke.

Wein [바인]　　　　　　　　　　　　　　　　**식전술과 와인**

- Sekt [젝트] 샴페인
- Vermouth [베르무쓰] 베르무쓰
- Cocktail [칵테일] 칵테일
- Likör [리쾨르] 셰리
- Whisky [비스키] 위스키
- Bier [비어] 맥주

Vorspeise [포어슈파이제]　　　　　　　　**전체**

- geräucherter Lachs [게로이헤르터 락스] 훈제연어
- Krabbencocktail [크라벤칵테일] 새우칵테일
- Sardelle [자델레] 멸치
- Auster [오이스터] 굴
- Schinken [슁켄] 햄
- Käse [케제] 치즈

Suppe [주페]　　　　　　　　　　　　　　**수프**

- Konsomme [콘조메] 콩소메
- Tomaten Suppe [토마텐 주페] 토마토수프
- Rindfleisch Suppe [린트플라이쉬 주페] 쇠고기수프

Fische [피쉐]　　　　　　　　　　　　　　**어패류**

- Lachs [락스] 연어
- Garnele [가르넬레] 새우
- Krebs [크렙스] 바다게
- Seebarsch [제바르쉬] 농어
- Forelle [포렐레] 송어
- Sardine [자르디-네] 정어리
- Kammusche [캄무셀] 가리비
- Dorsch [도르쉬] 대구

Fleisch [플라이쉬]　　　　　　　　　　　**육류**

- Rindfleisch [린트플라이쉬] 쇠고기
- Roastbraten [로스트브라텐] 등심구이
- Kalbfleisch [칼프플라이쉬] 송아지고기
- Schweinfeisch [슈바인플라이쉬] 돼지고기

식
사

- Hammelfleisch [함멜플라이쉬] 양고기
- Lammfleisch [람플라이쉬] 새끼양고기
- Hühnerfleisch [휘-너플라이쉬] 닭고기
- Hirschfleisch [히르슈플라이쉬] 사슴고기

Gemüse [게뮈제] 야채

- Karottet [카로테텔] 당근
- Kartoffel [카르토펠] 감자
- Kürbis [퀴르비스] 호박
- Spargel [슈파르겔] 아스파라거스
- Kopfsalat [코프잘라트] 셀러리
- Spinat [슈피나트] 시금치
- Onion [오니온] 양파

Nachtisch [나흐티슈] 디저트

- Coffee [카페] 커피
- Obst [옵스트] 과일
- Tee [테-] 차
- Apfelkuchen [압펠쿠헨] 사과 파이
- Speiseeis [슈파이제아이스] 아이스크림

Geschmack [게슈막트] 맛

- süß [쥐쓰] 달콤한
- scharf [샤르프] 매운
- bitter [비터] 쓴
- weich [바이히] 부드러운
- lecker [렉커] 맛있는
- salzig [잘찌히] 짠
- sauber [자우버] 신
- troken [트로켄] 쌉쌉한
- hart [하르트] 딱딱한
- schlecht [슐레히트] 맛없는

Kochkunst [콕흐쿤스트] 조리법

- gebraten [게브라텐] (오븐에서)구운
- geröster [게뢰스터] (불에 쬐어)구운
- gegrillt [게그릴트] (석쇠에서)구운
- gebraten [게브라텐] 튀긴
- gedämpft [게뎀프트] 찐
- geräuchert [게로이허르트] 훈제한

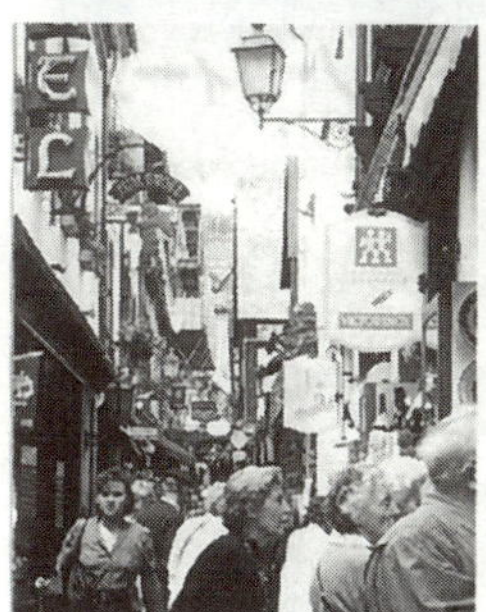

독일에서의 쇼핑은 관광 다음으로 즐거운 일이며 효율적인 쇼핑을 하려면 미리 리스트를 작성하고 양주, 담배, 향수는 공항의 면세점이 싸므로 마지막에 구입하고 보석이나 시계 등의 고급품은 신뢰할 수 있는 곳에서 구입한다. 면세제도는 외국인 여행자들에게 자국의 상품에 붙는 관세와 V.A.T(부가가치세) 등을 감면해주는 제도이다. 면세를 받는 절차는 각 나라마다 조금씩 다르지만 고급제품인 경우는 상당한 돈이 감면되기 때문에 이용해 볼만하다.

상점가

■ 백화점(Kaufhaus)

베를린이나 뮌헨과 같은 대도시에는 큰 백화점이 있어서 선물이나 토산품등 쇼핑을 하기에 아주 편리하다.
독일의 백화점은 우리나라와는 달리 아침 8시 30분부터 영업을 하므로 오전 시간을 쇼핑에 할애하는 것도 좋을 듯 하다.

■ 선물가게(Souvierladen)

독일의 선물로서는 맥주잔과 조-리겐의 칼이 유명하다.
선물가게에서 구입할 수 있으나 토요일은 오전까지 영업을 하고 일요일에는 쉬는 곳이 많으므로 주의해야 한다.

■ 벼룩시장(Flohmarkt)

쓰다 남은 물품 등을 버리지 않고 깨끗하게 손질하여 시장에서 싼 가격으로 파는 벼룩시장이 세계적으로 유명하다. 관광을 겸해 꼭 한번 보자. 의외로 아주 멋진 기념품을 싼 가격에 구입 할 수도 있고 가격 흥정이 가능하다.

여행중 독일에서 물건을 살 때는 반드시 부가가치세를 돌려
받도록 한다. 물건 값의 약 15%를 돌려 받을 수 있다. 영수증과
물건을 출국시 세관에 보이면 스탬프를 찍어주는데, 이를 해당
업소에 보내면 환급을 받을 수도 있고 검사필증을 받으면
프랑크푸르트 공항내에서 세금부분을 현금으로 즉시 되돌려
받을 수 있다. 시간이 없어서 그냥 출국했을 경우 용지를
공항에서 상품 구입상점으로 보내면 나중에 송금되어 온다.

백화점은 월~금요일까지 8시
30분부터 18시 30분까지
토요일은 8시 30분부터
14시까지 영업하며 일요일과
휴일에는 휴무이다. 첫번째
토요일은 오후에도 영업을
한다. 그 경우에는 일반가게는

평일과 똑같고, 백화점은 8시 30분에서 18시까지 한다.

1.구경하는 것은 상관없지만, 살 의사가 없으면 되도록 상품에
  손을 대지 않도록 한다
2.백화점이나 고급가게를 제외하고 일반 가게에서는 물건의 값을
  깍아도 실례가 되지 않는다.
3.한국, 일본, 홍콩제품이 도처에 많으므로 원산지 표시를
  확인하도록 한다.
4.너무 큰 가방은 입구에 맡겨두고 들고 들어가지 않는 것이
  좋다.(도둑으로 오해 받을 수 있다.)
5. 교환이나 반품은 구입일로부터 10일 이내에 할 수 있다.

쇼핑

독일에서 물건을 살 때는 먼저 상점의 영업시간에 주의해야
한다. 상점마다 다르지만 보통 토요일 오후와 일요일, 경축일은
휴업을 한다.

 **자주 쓰이는 표현** 

Ⓠ **이 근처에 백화점이 있습니까?**

보- 이스트 아인 카우프하우스 인 데어 내-애
Wo ist ein Kaufhaus in der Nähe?

⇨ **곧바로 가면 있습니다.**

게엔 지- 게라데아우스
Gehen Sie geradeaus!

아인 주퍼마르크트
· **슈퍼마켓 ein Supermarkt**

아이네 부흐한트룽
· **책방 eine Buchhandlung**

아인 주버니어라-덴
· **선물가게 ein Souvenirladen**

Ⓠ **무엇을 도와드릴까요?**

바스 칸 이히 퓌어 지- 툰
Was kann ich für Sie tun?

⇨ **면도기를 하나 사고 싶습니다.**

이히 뫼히테 아이넨 라지어아파라트 카우펜
Ich möchte einen Resierapparat kaufen.

아인 티셔츠
· **티셔츠 ein T-Shirt**

아이네 크라바테
· **넥타이 eine Krawatte**

아이넨 훌
· **모자 einen Hut**

아이넨 코퍼
· **가방 einen Koffer**

K 가까운 백화점이 어디에 있습니까?
보- 이스트 다스 내-히스테 카우프하우스
Wo ist das nächste Kaufhaus?

K 여성복 매장은 어디에 있습니까?
보- 이스트 디- 압타일룽 퓌어 다멘베클라이둥
Wo ist die Abteilung für Damenbekleidung?

K 이 근처에 선물가게가 있습니까?
깁트 에스 아이넨 주버니어라―덴 인 데어 네-애
Gibt es einen Soubenierladen in der Nähe?

K 완구점은 몇 층에 있습니까?
임 비필텐 슈톡 이스트 슈필쪼익압타일룽
Im wievielten Stock ist Spielzeugabteilung?

➡ 완구점은 5층에 있습니다.
슈필쪼익압타일룽 이스트 임 퓌어텐 슈톡
Spielzeugabtteilung ist im vierten Stock.

K 에스컬레이트는 어디에 있습니까?
보- 이스트 디 롤트레페
Wo ist die Rolltreppe?

K 엘리베이터는 어디에 있습니까?
보- 이스트 데어 아우프쭉
Wo ist der Aufzug?

➡ 오른 쪽으로 가십시오!
게엔 지 나흐 레히츠
Gehen Sie nach rechts!

▲ 쇼핑가

K 저는 구경할 뿐입니다.
이히 제-에 미히 누-어 움
Ich sehe mich nur um.

F 천천히 구경 하십시오.
제엔 지- 지히 랑잠 움
Sehen Sie sich langsam um.

◆ 백화점 : **Warenhaus** [바렌 하우스]
　　　　　　Kaufhaus [카우프 하우스]

◆ 면세점 : **Zollfreiwarengeschäft** [쫄프라이바렌게쉐프트]

◆ 선물가게 : **Souvennierladen** [주버니어라덴]

◆ 슈퍼마켓 : **Supermarkt** [주퍼마르크트]

◆ 제과점 : **Bäckerei** [베커라이]

◆ 의류점 : **Kleidergeschäft** [클라이더게쉐프트]

◆ 서점 : **Buchhandlung** [부흐한트룽]

◆ 골동품점 : **Antiquitätengeschäft** [안티크비테텐게쉐프트]

◆ 신발가게 : **Schuhgeschäft** [슈-게쉐프트]

◆ 화장품점 : **Parfümerie** [파르퓌머리]

◆ 귀금속점 : **Goldwarengeschäft** [골트바렌게쉐프트]

◆ 완구점 : **Spielzeuggeschäft** [슈필쪼익게쉐프트]

◆ 가죽제품점 : **Lederhändler** [레더핸들러]

◆ 셀프서비스점 : **Selbstbedienungsladen** [젤프스트베디눙스라-덴]

◆ 정육점 : **Metzgerei** [메츠게라이]

◆ 생선가게 : **Fischhändler** [피쉬핸들러]

◆ 과일가게 : **Obstgeschäft** [옵스트게쉐프트]

◆ 소세지가게 : **Wurstgeschäft** [부어스트게쉐프트]

◆ 담배가게 : **Zigarethengeschäft** [찌가레텐게쉐프트]

잡화점 ▶

K 도와드릴까요?

칸 이히 이-넨 헬펜
Kann ich Ihnen helfen?

K 신사복매장이 어디에 있습니까?

보- 이스트 디 압타일룽 퓌어 헤렌클라이둥
Wo ist die Abteilung für Herrenkleidung?

K 7층에 있습니다.

디 이스트 임 젝스텐 슈톡
Die ist im 6 Stock.

K 엘리베이터는 어디에 있습니까?

보- 이스트 데어 아우프쭉
Wo ist der Aufzug?

K 화살표를 따라가면 나옵니다.

지- 뮈쎈 덴 파일 폴겐
Sie müssen den Pfail folgen.

K 대단히 감사합니다!

필렌 당크
Vielen Dank!

쇼핑

물건 고르기

독일의 벼룩시장에 한번 들러 보도록 하자. 의외로 값싸고
기념이 될만한 멋진 선물을 구입할 수도 있다.

 **자주 쓰이는 표현** ●●●●●●●●●●●●●●●●●●●● 

Q 어떻습니까?

비- 파스트
Wie paßt?

⇨ 좀 큽니다.

다스 이스트 에트바스 그로쓰 퓌어 미히
Das ist etwas groß für mich.

- 작은 **klein** (클라인)
- 헐렁한 **lose** (로제)
- 꼭끼는 **eng** (엥)
- 긴 **lang** (랑)

Q 이 구두가 당신 마음에 듭니까?

게팔렌 디-제 슈-에 이-넨
Gefallen diese Schuhe Ihnen?

⇨ 아니오. 다른 것이 있습니까?

나인 하-벤 지- 아우흐 안더스
Nein. Haben Sie auch anders?

- 색상 **andere Farben** (안더레 파르벤)
- 치수 **eine andere Größe** (아이네 안더레 그뢰쎄)
- 디자인 **ein anderes Design** (아인 안더레스 디자인)
- 모양 **eine andere Form** (아이네 안더레 포름)

K 쇼윈도우에 있는 바지를 보여 주십시오.
퀸넨 지- 미어 디 호제 아우스 뎀 샤우펜스터 짜이겐
Können Sie mir die Hose aus dem in Schaufenster zeigen?

K 다른 색으로 같은 것이 있습니까?
하벤 지- 다스 글라이헤 인 아이너 안더렌 파르베
Haben Sie das gleiche in einer anderen Farbe?

F 이것은 어떻습니까?
바스 마이넨 지- 다쭈
Was meinen Sie dazu?

⇨ 마음에 들지 않습니다.
다스 게팰트 미어 니히트
Das gefällt mir nicht.

⇨ 아주 마음에 드는군요.
다스 개팰트 미어 굿
Das gefällt mir gut.

▲ 와인가게

K 파란색으로 보여 주십시오.
하벤 지- 아이넨 [블라우엔 / 블라우에 / 블라우에스]
Haben Sie einen [Blauen / Blaue / Blaues]?

K 입어봐도 됩니까?
다르프 이히 에스 아인말 안프로비어렌
Darf ich es einmal anprobieren?

K 이것은 무엇으로 만들었습니까?
보라우스 이스트 다스 게마크트
Woraus ist das gemacht?

⇨ 소가죽으로 만들었습니다.
다스 베슈테트 아우스 린트레더
Das besteht aus Rindleder.

F 수제품입니다.
다스 이스트 한트아르바이트
Das ist Handarbeit.

- **쟈켓 : Jacke** [야케]
- **바지 : Hose** [호제]
- **치마 : Rock** [록]
- **코트 : Mantel** [만텔]
- **블라우스 : Bluse** [블루제]
- **원피스 : einteiliges Kleid** [아인타일리게스 클라이트]
- **니트 : Strickarbeit** [슈트릭 아르바이트]
- **울 : Wolle** [볼레]
- **슬랙스 : Slacks** [슬랙스]
- **셔츠 : Hemd** [헴트]
- **벨트 : Gürtel** [귀르텔]
- **스타킹 : Strümpfe** [슈트륌페]
- **장갑 : Handschuhe** [한트슈에]
- **안경 : Brille** [브릴레]
- **스카프 : Schal** [샬]
- **넥타이 : Krawatte** [크라바테]
- **속옷 : Unterkleidung** [운터클라이둥]
- **큰 / 작은 : gorß / klein** [그로쓰/클라인]
- **긴 / 짧은 : lang / kurz** [랑/쿠르츠]
- **단단한 / 연한 : hart / weich** [하르트/바이히]
- **헐렁한 / 꼭끼는 : lose / eng** [로제/엥]
- **화려한 / 소박한 : auffällig / unauffällig**
  [아우프펠리히/운아우프펠리히]
- **실크 : Baumwolle** [바움볼레]
- **면 : Seide** [자이데]
- **마 : Leinen** [라이넨]
- **두꺼운 : dick** [딕]
- **얇은 : dünn** [뒨]

쇼
핑

◆ 체크무늬 : **Schottenmuster** [쇼텐무스터]

◆ 무늬없는 : **ungemustert** [운게무스터르트]

◆ 물방울무늬의 : **gepunktet** [게풍크테트]

◆ 줄무늬의 : **gestreift** [게슈트라이프트]

◆ 색깔 : **Farbe** [파르베]

◆ 검정색 : **schwarz** [슈바르쯔]

◆ 하얀색 : **weiß** [바이쓰]

◆ 빨간색 : **rot** [로트]

◆ 파란색 : **blau** [블라우]

◆ 노란색 : **gelb** [겔프]

◆ 초록색 : **grün** [그륀]

◆ 회색 : **grau** [그라우]

◆ 갈색 : **braun** [브라운]

◆ 핑크 : **rosa** [로자]

◆ 밝은 : **hell** [헬]

◆ 어두운 : **dunkel** [둥켈]

벽화로 ▶
장식된 상점

F 어서오십시오.

바스 칸 이히 퓌어 지- 툰
Was kann ich für Sie tun?

K 가방을 보여 주십시오.

칸 이히 디 한트타쉐 제-엔
Kann ich die Handtasche sehen?

F 네, 잠깐만 기다려 주십시오.

아이넨 모멘트 비테
Einen Moment bitte.

K 다른 색깔이 있습니까?

하벤 지- 아으흐 안더레 파르벤
Haben Sie auch andere Farben?

F 네, 빨강색과 검은색이 있습니다.

야 비어 하벤 로테 운트 슈바르쩨 한트타쉐
Ja, wir haben rote und schwarze Handtasche.

K 빨강색을 보여주십시오.

디 로테 한트타쉐 비테
Die rote Handtasche bitte.

F 네, 여기 있습니다.

야 히어 이스트 지
ja, hier ist sie.

쇼핑

쇼핑

흥정

대부분의 상점은 정찰제를 실행하고 있으며 길거리나 벼룩
시장의 상품은 가격을 타협할 수 있고 토산품으로는 부엌칼
종류와 도자기가 세계적으로 알려진 것이 많이 있다.

 자주 쓰이는 표현 

Q 얼마입니까?

바스 코스테트 다스
Was kostet das?

➪ **10마르크입니다.**

다스 코스테트 쩬 마르크
Das kostet <u>zehn DM</u>.

펜프 마르크
· **5마르크** **fünf DM**

펜프쩬엔 마르크
· **15마르크** **fünfzehn DM**

쯔반찌히 마르크
· **20마르크** **zwanzig DM**

펜프운트피어찌히 마르크
· **45마르크** **fünfundvierzig DM**

Q 싸게 주십시오.

쾬테 이히 에스 빌리거 베콤멘
Könnte ich es billiger bekommen?

➪ **안됩니다.**

에스 투트 미어 라이더
Es tut mir leider.

➪ **10%할인해 드리겠습니다.**

이히 게베 이-넨 찐 프로쩬트 에어매씨궁
Ich gebe Ihnen 10 prozent Ermäßigung.

Ｋ 이 카드를 사용할 수 있습니까?
네-멘 지- 디-제 크레디트카르테
Nehmen Sie diese Kreditkarte?

Ｋ 좀 더 싼 것은 없습니까?
하벤 지- 에트바스 빌리거레스
Haben Sie etwas Billigeres?

Ｋ 할인이 됩니까?
쾬테 이히 에스 빌리거 베콤멘
Könnte ich es billiger bekommen?

Ｋ 관세를 물게 될까요?
무쓰 이히 다퓌어 쫄 베짤-렌
Muß Ich dafür Zoll bezahln?

Ｋ 부가가치세를 돌려받고 싶습니다.
이히 뫼히테 디 메어베르트슈토이어 쭈릭베콤멘
Ich möchte die Mehrwertsteuer zurückbekommen.

Ｋ 아직 거스름돈을 받지 않았습니다.
이히 하베 마인 베셀겔트 노흐 니히트
Ich habe mein Wechselgeld noch nicht.

Ｋ 계산이 맞지 않습니다.
디 레히눙 슈팀트 니히트
Die Rechnung stimmt nicht.

Ｋ 이것을 교환하고 싶습니다.
이히 뫼히테 다스 움타우쉰
Ich möchte das umtauschen.

Ｋ 이것이 고장났습니다.
다스 이스트 니히트 인 오르트눙
Das ist nicht in Ordnung.

Ｋ 돈을 반환해 주실 수 있습니까?
쾬텐 지- 미어 다스 겔트 쯔릭게벤
Könnten Sie mir das Geld zurückgeben?

쇼
핑

K 현금으로 주실 수는 없습니까?
퀸텐 지- 니히트 인 바 베짤-렌
Könnten Sie nicht in bar bezahlen?

⇨ 우리는 현금을 내줄 수는 없습니다.
비어 퀴넨 니히트 인 바 짤렌
Wir können nicht in bar zahlen.

F 영수증을 가지고 오셨습니까?
하-벤 지- 디 크비퉁 다바이
Haben Sie die Quittung dabei?

⇨ 여기 있습니다.
히어 이스트 디 크비퉁
Hier ist die Quittung.

K 선물용으로 포장을 부탁합니다.
퀸텐 지- 에스 알스 비테 게쉥크 페어파켄
Könnten Sie es als bitte Geschenk verpacken?

K 별도로 포장해 주시겠습니까?
퀸텐 지- 에스 게트렌트 페어파켄
Könnten Sie es getrennt verpacken?

K 이것을 호텔로 배달해 주세요.
리퍼른 지- 에스 비테 인스 호텔
Liefern Sie es bitte ins Hotel.

K 이것을 이 주소로 보내 주시겠습니까?
뷔르덴 지- 다스 비테 안 디-제 아드레쎄 쉭켄
Würden Sie bitte das an diese Adresse schicken?

K 오늘 중에 배달해 주면 좋겠습니다.
이히 뫼히테 에스 호이테 하-벤
Ich möchte es heute haben.

K 한국 주소로 배달해 주실 수 있습니까?
퀴넨 지- 에스 안 마이네 아드레세 인 코레아 쉭켄
Können Sie es an meine Adresse in Korea schicken?

K 모두 얼마입니까?

바스 막흐트 다스 쭈잠멘
Was macht das zusammen?

F 25마르크입니다.

퓐프운트쯔반찌히 마르크
Fünfundzwanzig DM.

K 면세로 살 수 있습니까?

칸 이히 다스 쫄프라이에 카우펜
Kann ich das Zollfreie kaufen?

F 여권을 보여주십시오.

짜이겐 지- 미어 비테 이어렌 파쓰
Zeigen Sie mir bitte Ihren Paß.

K 네, 여기 있습니다.

야 히어 이스트 마인 파쓰
Ja, hier ist mein Paß.

F 22마르크를 주시면 됩니다.

게벤 지- 미어 쯔바이운트쯔반찌히 마르크
Geben Sie mir zweiundzwanzig DM.

K 고맙습니다!

필렌 당크
Vielen Dank!

상점들 ▶

치수

여자 기성복 상의(가슴둘레 기준)						
KOR	80	85	90	95	100		
EURO	30	38	40	42	44	46	48
U.K	10	12	14	16	18	20	22
U.S.A.	8	10	12	14	16	18	20

남자 기성복						
KOR	28½	30	31½	33	34½	36	37½
EURO	36	38	40	42	44	46	48
U.K	35	36	37	38	40	42	
U.S.A.	35	36	37	38	40	42	

남자 와이셔츠						
KOR	12	12½	13	13½	14	14½	15
EURO	36	37	38	39	40	41	42
U.S.A.	14	14½	15	15½	16	16½	17

여자 스타킹						
KOR	S	M	L	X	L		
EURO	1	2	3	4	5		
U.S.A.	8½	9	9½	10	10½		

여자 구두						
KOR	230	235	240	245	250	255	260
EURO	35½	36	36½	37	37½	38	38½
U.K	4	4½	5	5½	6	6½	7
U.S.A.	6	6½	7	7½	8	8½	9

남자 구두						
KOR	245	250	255	260	265	270	275
EURO	37	38	39	40	41	42	43
U.K	5½	6	6½	7	7½	8	8½
U.S.A.	6½	7	7½	8	8½	9	9½

독일남부의 경제, 산업의 중심지인 뮌헨은 세계적으로 유명한 미술관과 박물관의 도시이다. 또한 맥주의 본고장이기도 하다. 주된 관광지는 시내의 중심지 마리엔 광장 주변에 밀집해 있다. 출발하기 전에 개관시간과 폐관시간을 미리 알아봐서 시간을 절약한다.

주요 관광지

■ 마리엔광장

Neues Rathaus (신시청사)의 앞 광장. 80m높이의 탑은 뮌헨의 명물인 시계(Glockenspiel)가 있는데 매일 11시, 저녁 5시에(5월 1일에서 10월 31일) 움직인다.

관광버스 ▶

■ 신시청사(Neues Rathaus)

마리엔 광장에 위치해 있다. 1869년부터 1909년에 걸쳐 건축되었다. 네오 고딕 양식이 화려한 건물이다.

■ 구시청사 / 장난감박물관

신시청사를 향해 왼쪽에 있으며, 구시청사는 1480년에 건축된 고딕양식의 건물이다. 둥근 지붕을 가진 탑의 안은 현재 장난감박물관이 되어 있다. 박물관의 입구는 타-르 통로측이다.

관광

▼

풍차가 눈에 띄고 지금은 보기드문 나무등으로 만든 옛날 독일의 장난감도 보인다.

■ 성모교회

멀리에서도 보이는 두개의 탑은 뮌헨의 랜드마크이다. 이 탑이 있는 성모교회는 1485년에서 88년에 걸쳐 지워진 후기 고딕건물이다. 높이 100m나 되는 남쪽 탑은 엘리베이터를 타고 위에 까지 올라갈 수 있다. 뮌헨의 아름다운 거리는 물론이고, 날씨가 좋으면 알프스까지도 보인다.

■ 박람회(Messe)

프랑크푸르트에서는 자주 Messe(박람회)가 열린다. 인구와 산업이 전국적으로 넓게 분포되어 있는 독일에서는 Messe가 필수 행사이다. 봄과 가을에 악기나 도기등 공예품의 Messe가 열리는 것 외에 자동차나 의복등의 전문 Messe도 다수 개최 되어진다. 연간 20회가 넘고 100일이나 넘게 열리는 Messe회장, 페스티발홀은 아주 번창한 곳도 있다. 특히 가을에 열리는 서적 Messe는 세계최대규모로 유명하다. 박람회장까지는 중앙역에서 걸어서 8분이며 Messe기간 중에는 시내호텔 등이 아주 붐비므로 미리 예약을 하는 것이 좋다.

관광안내소

관광안내소는 대개 대도시의 공항이나 역에 있으며, 팜플렛이나 관광지도를 무료로 얻을 수 있다. 또 호텔예약도 적은 수수료로 부탁할 수 있다. 그리고 독일의 관광안내소나 호텔 등에서는 영어도 통하므로 영어에 자신이 있는 사람은 그다지 걱정할 필요가 없다.

베를린 장벽 ▶

관광

관광안내

관광안내소는 역이나 공항 등에 있으며 팜플렛이나 관광지도 등을 무료로 구할 수 있고 관광예약 및 호텔예약도 할 수 있다.

 **자주 쓰이는 표현** ●●●●●●●●●●●●●●●●●●●●●●●● 

Q 이 거리에서 볼 만한 곳을 가르쳐 주십시오.

쾬텐 지- 미어 아이니게 인터레�싼테 플랱체 인 디저 슈타트 엠펠른
Könnten Sie mir einige interessante Plätze in dieser Stadt empfehlen?

⇨ **당신에게 브란덴브르크문을 권하고 싶습니다.**

이히 뫼히테 이넨 디스 브란덴부르거 토어 엠펠레
Ich möchte Ihnen das Brandenburger Tor empfehlen.

다스 괴테하우스
· 괴테하우스 **das Goethehaus**

덴 쾰르너 돔
· 쾰른성당 **den Kölner Dom**

다스 슐로쓰 노이슈반슈타이너
· 노이슈반슈타인성 **das Schloß Neuschwansteiner**

Q 야간 관광은 있습니까?

깁트 에스 아이네 나흐트룬트파르트
Gibt es eine Nachtrundfahrt?

⇨ **물론, 있습니다.**

야 에스 깁트 아이네
Ja, es gibt eine.

아이네 슈타트룬트파르트
· 시내일주 **eine Stadtrundfahrt**

아이네 로렐라이룬트파르트
· 로렐라이 **eine Loreleirundfahrt**

아이네 할프타게스라이제
· 반나절 **eine Halbtagesreise**

아이네 타게스라이제
· 당일 **eine Tagesreise**

K 관광안내소가 어디에 있습니까?
보- 이스트 디 투-리스텐 인포르마치온
Wo ist die Touristen Information?

K 교외의 볼만한 곳을 가르쳐 주시겠습니까?
쾬텐 지- 미어 아이니게 인테레싼테 플래체 암 란데 데어 슈타트 엠펠른
Könnten Sie mir einige interessante Plätze am Rande der stadt empfehlen?

K 시내를 한눈에 볼 수 있는 장소가 있습니까?
폰 보 칸 이히 디 간쩨 슈타트 위버블릭켄
Von wo kann ich die ganze Stadt Überblicken?

K 시내지도를 얻을 수 있습니까?
칸 이히 히어 아이넨 슈타트플란 베콤멘
Kann ich hier einen Stadtplan bekommen?

K 관광팜플렛을 부탁합니다.
칸 이히 아이네 보로쉬레 베콤멘
Kann ich eine Broschüre bekommen?

K 어디에서 예약하면 됩니까?
보- 칸 이히 디 투어 레저비어렌
Wo kann ich die Tour reservieren?

K 여행은 몇시간 걸립니까?
비- 랑에 다우어르트 디 투어
Wie lange dauert die Tour?

K 점심식사는 포함되어 있습니까?
이스트 다스 미탁에쎈 인베그리펜
Ist das Mittagessen inbegriffen?

K 학생할인이 됩니까?
깁트 에스 아이네 에어메씨궁 퓌어 슈투덴텐
Gibt es eine Ermäßigung für Studenten?

K 한국어 안내원이 있는 관광이 있습니까?
깁트 에스 아이네 투어 밑 아이넨 라이제라이터 데어 코레아니쉬 슈프리히트
Gibt es einen Tour mit einen Reiseleiter, der koreanisch spricht?

Ⓚ **시내일주 관광을 하고 싶습니다.**

이히 뫼히테 아이네 슈타트룬트파―르트 막헨
Ich möchte eine Stadtrundfahrt machen.

Ⓚ **시내일주 관광버스는 언제 있습니까?**

반 콤트 데어 아이넨 부스 퓌어 디 슈타트룬트파르트
Wann kommt der einen Bus für die Stadtrundfahrt?

Ⓚ **이 건물은 언제 건축되었습니까?**

반 부르데 다스 게보이데 에어바우트
Wann wurde das Gebäude erbaut?

Ⓚ **입장료는 얼마입니까?**

바스 코스테트 디 아인트리트카르테
Was kostet die Eintrittkarte?

Ⓚ **짐 보관소가 있습니까?**

보― 칸 이히 다스 게팩 랏센
Wo kann ich das Gepäck lassen?

Ⓚ **이 박물관은 월요일에도 문을 엽니까?**

핱 다스 무제움 아우흐 몬탁스 게왜프네트
Hat das Museum auch montags geöffnet?

Ⓚ **이 박물관의 팜플렛이 있습니까?**

하―벤 지― 아이네 브로쉬레 위버 다스 무제움
Haben Sie eine Broschüre über das Museum?

Ⓚ **한국어판이 있습니까?**

하―벤 지― 아이네 브로쉬레 아우프 코레아니쉬
Haben Sie eine Broschüre auf Koreanisch?

Ⓚ **내부에서 사진을 찍어도 됩니까?**

다르프 만 드린넨 포토그라피어렌
Darf man drinnen fotografieren?

Ⓚ **그림엽서를 팝니까?**

하벤 지― 안지히츠카르텐
Haben Sie Ansichtskarten?

관광

- **미술관 : Kunsthalle** [쿤스트할레]
- **의사당 : Parlamentsgebäude** [팔라멘츠게보이데]
- **성(城) : Schloß** [슐로쓰]
- **대사원 : Dom** [돔]
- **대성당 : Kathedrale** [카테드랄레]
- **수도원 : Kloster** [클로스터]
- **유적 : Ruine** [루이네]
- **동물원 : Zoo** [쪼]
- **식물원 : botanische Garten** [보타니쉐 가르텐]
- **수족관 : Aquarium** [아크바리움]
- **유원지 : Vergnügungspark** [페어그뉘궁스파르크]
- **공원 : Park** [파르크]
- **유람선 : Sightseeing boot** [사이트싱 보트]
- **마차 : Kutsche** [쿠췌]
- **폭포 : Wasserfall** [바써팔]
- **연못 : Teich** [타이히]
- **항구 : Hafen** [하펜]
- **언덕 : Hügel** [휘겔]
- **평원 : Ebene** [에베네]
- **통역 : Dolmetscher** [돌메춰]
- **팜플렛 : Broschüre** [브로쉬레]
- **당일여행 : Tagesreise** [타게스라이제]
- **반나절여행 : Halbtagsreise** [할프탁스라이제]
- **테마관광 : Themareise** [테마라이제]
- **입장료 : Eintrittsgeld** [아인트릿츠겔트]
- **안내(가이드) : Führung** [퓌룽]

K 안녕하십니까? 나는 이 곳에 하루만 머뭅니다.

구텐 모르겐 이히 블라이베 누어 아이넨 탁 히-어
Guten Morgen. Ich bleibe nur einen Tag hier.

시내구경을 어떻게 하면 됩니까?

비- 칸 이히 미-어 디- 슈타트 암 베스텐
Wie kann ich mir die Stadt am besten?

F 당신에게 시내 일주 관광을 추천하고 싶습니다.

비어 뫼히텐 이-넨 아이네 슈타트룬트파르트 엠펠-렌
Wir möchten Ihnen eine Stadtrundfahrt empfehlen.

K 일주 관광은 언제 시작합니까?

반 베긴트 디 룬트파르트
Wann beginnt die Rundfahrt?

F 열시입니다.

움 쩬 우어
Um 10 Uhr.

K 어디서 출발합니까?

보- 파-렌 비어 압
Wo fahren wir ab?

F 중앙역에서요.

폼 하우프트반-호-프
Vom Hauptbahnhof.

K 일주 관광은 얼마입니까?

바스 코스테트 디- 룬트파르트
Was kostet die Rundfahrt?

F 50마르크입니다. 그러나 점심식사가 포함되어 있습니다.

핀프찌히 마르크 아버 인 디-젠 프라이스 이스트 다스 밋탁에쎈 인베그리펜
50 Mark. Aber in diesen Preis ist das Mittagessen inbegriffen.

관광

 # 관광

독일에서는 초상권 문제가 따르므로 인물사진을 찍을 때는 본인의 양해를 얻어야 하며, 박물관이나 성당 내부를 찍을 때의 촬영 금지 구역인지를 확인해야 한다.

자주 쓰이는 표현 

ⓠ 이것은 어떤 필름이지요?

바스 퓌어 아인 필름 이스트 다스
Was für ein Film ist das?

⇨ 흑백필름입니다.

다스 이스트 아인 슈바르쯔바이쓰필름
Das ist ein Schwarzweißfilm.

파릅필름
· 칼라필름 **Farbfilm**   파릅필름 퓌어 디아스
· 슬라이드필름 **Farbfilm für Dias**

ⓠ 사진이 언제 나옵니까?

반 칸 이히 디 빌더 압홀렌
Wann kann ich die Billder abholen?

⇨ 내일입니다.

모르겐
Morgen.

호이테
· 오늘 **heute**   예츠트
· 지금 **jetzt**

암 나흐미탁스
· 오후에 **Am nachmittags**   위버모르겐
· 모레 **übermorgen**

Ⓚ 이 근처에 사진용품점이 있습니까?

깁트 에스 아인 포토게쉐프트 인 데어 내어
Gibt es ein Fotogeschäft in der Nähe?

Ⓕ 몇 판짜리 드릴까요?

비 필레 아우프나멘
Wie viele Aufnahmen?

Ⓚ 카메라용 건전지 있습니까?

하벤 지- 밭테리엔 퓌어 디 카메라
Haben Sie Batterien für die Kamera?

Ⓚ 여기서 사진 찍어도 됩니까?

다르프 이히 히어 포토그라피어렌
Darf ich hier fotografieren?

Ⓚ 실례합니다. 우리 사진 한 장 찍어주시겠습니까?

엔트슐디궁 뷔르덴 지- 운스 아인말 포토그라피어렌
Entschuldigung, würden Sie uns einmal fotografieren?

Ⓚ 이 필름을 현상해 주세요.

이히 뫼히테 디젠 필름 앤트뷕켈른 라센
Ich möchte diesen Film entwickeln lassen.

Ⓕ 광택으로 아니면 무광으로 해드릴까요?

글랜�째트 오더 맡
Glänzend oder matt?

⇨ 광택으로 해주세요!

글랜�째트 비테
Glänzend, bitte.

Ⓚ 현상료는 얼마입니까?

비필 코스테트 다스 엔트비켈른
Wieviel kostet das Entwickeln?

Ⓚ 미안합니다만 셔터 좀 눌러 주시겠습니까?

뷔르덴 지- 비테 퓌어 미히 아우프 덴 아우스뢰저 드뤽켄
Würden Sie bitte für mich, auf den Auslöser drücken?

관광

◆ 카메라 : **Kamera** [카메라]

◆ 플래쉬 : **Blitzlicht** [블리츠리히트]

◆ 사진촬영 금지 : **FOTOGRAFIEREN VERBOTEN**
[포토그라피어렌 페어보텐]

◆ 플래쉬 금지 : **BLITZLICHT VERBOTEN**
[블리츠리히트 페어보텐]

◆ 흑백필름 : **Schwarzweißfilm** [슈바르츠바이쓰필름]

◆ 칼라슬라이드필름 : **Farbfilm für Dias**
[파릅필름 퓌어 디아스]

◆ 칼라필름 : **Farbfilm** [파릅필름]

◆ 건전지 : **Batterie** [바테리]

◆ 사진용품점 : **Fotogeschäft** [포토게쉐프트]

◆ 사진 : **Bild** [빌트]

◆ 현상하다 : **entwickeln** [엔트빅켈른]

◆ 광택의 : **glänzend** [글랜짼트]

◆ 무광의 : **matt** [맡]

◆ 치수 : **Größe** [그뢰쎄]

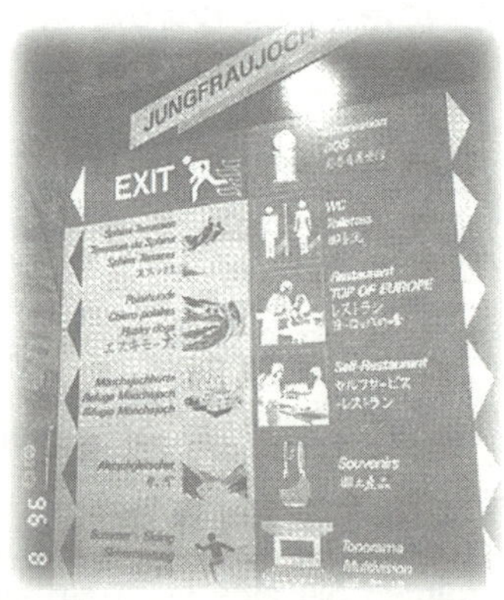

관광안내판 ▶
(한글은 없다)

K 저 다리를 찍어도 됩니까?

칸 이히 폰 데어 브뤽케 아이네 아우프나메 막헨
Kann ich von der Brücke eine Aufnahme
machen?

F 상관없습니다.

야 다스 쾬넨 지-
Ja, das können Sie.

K 당신 사진을 찍어도 됩니까?

다르프 이히 폰 이-넨 아이네 아우프나메 막헨
Darf ich von Ihnen eine Aaufnahme
machen?

F 좋아요. 찍어주십시요.

굿 벤 지- 볼렌
Gut. wenn Sie wollen.

K 셔터를 누르겠습니다.

이히 드뤽케 예츠트 압
Ich drücke jetzt ab.

다 찍었습니다. 대단히 고맙습니다.

페르티히 필렌 당크
Fertig. Vielen Dank.

F 천만의 말씀입니다.

게른 게쉐-엔
Gern geschehen.

상설박람회장 ▶

유럽 기차여행

기차역

- 출발열차(Abfahrt) : 노란바탕에 까만 글씨
- 도착열차(Ankunft) : 흰바탕에 까만 글씨
- 고속열차(Express) : 빨간 글씨
- 시간순으로 표시되어 있다.
- 마지막에는 열차의 플랫폼이 표시되어 있다.

열차 탑승요령

■ 이 역에서 자신의 열차가 출발하는가?

유럽의 대부분의 도시에는 목적지별로 각기 다른 역에서 열차가
출발한다. 자신의 열차가 출발하는 역이 정확한지 살펴 보아야
한다.

■ 플랫폼의 위치는 정확한가?

열차가 연착이나 연발일 경우에는 플랫폼이 바뀌는 경우가 자주
있으며 이때 특히 주의를 기울인다.

■ 타려고 하는 열차칸이 정확한가?

열차를 타기 전에 그 객차가 자신의 목적지까지 가는 것인가
아닌가를 반드시 확인해야 한다. 유럽의 열차 운행 제도는
목적지가 다른 객차가 몇 량씩 연결되어 운행되고 있기 때문이다.

■ 내려야 할 곳은 스스로 체크했는가?

유럽 열차 내에서는 안내방송이 거의 없다. 따라서 내려야 할
곳을 체크하는 방법은 목적지의 도착시간을 시간표에서 확인하는
것이다. 대부분의 유럽열차 거의 정시에 운행된다.

야간열차 이용시 주의사항

- 소지품을 주의하자.
- 예약을 하자.
- 객차간에 이동을 하지 말자.

여흥

독일에서 외국인이 즐길 수 있는 곳은 주로 서민적인 비어홀과 같은 술집이다. 또 연극이나 거리공연도 많이 있으므로 구경해 볼 만 하다.

공연

본 고장의 오페라, 음악회 등을 만끽 할 수 있는 것도 해외 여행 중에 갖는 큰 즐거움 중의 하나이다. 그러나 각각 시즌이 있고 플랜이 있으므로 관심이 있는 사람은 사전에 조사해 두는 것이 좋다. 현지에서의 문의 사항은 호텔이나 관광안내소 등에서 구할 수 있는 오락 정보지 Berlin Programm이나 Berlin Berlin 등을 구해서 보면 된다.

■ 표구입방법

티켓을 구입 할 수 있는 곳은 지하철 상가, 백화점 안, 오페라하우스, 극장 등이다. 이러한 곳에서는 당일표도 구입할 수 있다. 싼 좌석부터 먼저 팔리므로 예약은 미리 한다.

비어홀(Bierhalle)

세계 최대인 뮌헨의 맥주 축제인 오크토바 페스티발은 1810년 독일황제의 결혼을 축하하기 위해서 시작되었으며 매년 10월의 첫째 일요일을 끝으로 하여 16일간 도시의 남서쪽에 있는 테레쯔아 초원에서 열린다. 수 많은 사람이 모여서 노래하고 춤추며 700만명의 관광객도

함께 하는 이 축제에는 400만 ℓ의 맥주와 100만개의 소세지가
소비된다.

■ 작센하우젠(Sachsenhausen)

프랑크푸르트의 라인강남쪽에 넓게
분포되어 있는 술집거리인
Sachesenhausen(작센하우젠)은 서민적인
요리와 술을 마음껏 즐기수 있는 곳이다.
이 곳에는 잉글리쉬 펍(영국식 술집)과
싼 술집이 꽉 차 있어 독일 각지의
맥주뿐만 아니라 여러가지 맛있는 술을
즐길 수 있는데 프랑크푸르트 명물의
압펠바인(사과주)은 한번 쯤 마셔볼 만 하다. 마시기도 쉽고,
1잔에 3DM정도이기 때문에 너무 많이 마시게 될 우려도
있으므로 주의한다. 이곳에서는 자유로운 분위기로 남녀노소
모두 함께 즐길 수 있다. 생음악을 연주하는 곳도 많아 소세지를
먹으면서 음악을 듣고 몸을 움직이면 남녀노소 국적과는 관계
없이 모두 유쾌하게 즐길 수 있다.

기타

하이킹, 스키, 온천 등 독일에서 즐길 곳은 많아서 오래
머물기도 손색이 없다. 1년에 3회 하이델베르크에서 개최되는 성
불꽃놀이는 많은 사람들에게 흥미로운 축제다.
성 안의 칼스광장에서 개최되는데 5월의 '하이델베르크 봄축제',
8월에 개최되는 오페라, 뮤지컬, 콘서트 등을 포함한 '성
페스티벌', 매년 9월 마지막 주말에 칼스광장에서 10일 동안
포도주 마을이 개설되는 '하이델베르크 가을축제'가 있다. 이
축제들은 하이델베르크 시의 연간행사중 절정을 이루고 있다.
또한 프로축구와 테니스 등의 스포츠도 많은 국민에게 사랑받고
있다.

여흥

독일사람들은 아주 소박하고 근면하다. 놀이문화도 아주
건전하고 서민적으로 주로 비어홀 등을 많이 이용한다.

 **자주 쓰이는 표현** 

Q 오페라 공연이 보고 싶습니다.

이히 뫼히테 아이네 오-퍼 제엔
Ich möchte eine Oper sehen.

➪ **제가 안내하겠습니다.**

폴겐 지- 미어 비테
Folgen Sie mir bitte!

아인 콘체르트
- **음악회 ein Konzert**

아인 슈피-일
- **연극 ein Spiel**

아이넨 필름
- **영화 einen Film**

아이네 오페레테
- **뮤지컬 eine Operette**

Q 어떤 자리로 드릴까요?

벨헨 플라츠 뫼히텐 지-
Welchen Platz möchten Sie?

➪ **A석으로 주십시오..**

파케트 아 비테
Parkett A bitte!

아이넨 슈테플라츠
- **입석 Einen Stehplatz**

아이넨 리저비어텐 플라츠
- **지정석 Einen Reserviertern Platz**

아이넨 플라쯔 인 데어 에어스텐 라이에
- **일등석 Einen Platz in der ersten Reihe**

K 오늘 밤 어떤 공연이 있습니까?

벨헤 포어슈텔룽 깁트 에스 호이테 아벤트
Welche Vorstellung gibt es heute abend?

K 연극 한 편 추천해 주시겠습니까?

쾬넨 지- 미어 비테 아인 테아터슈틱 엠펠렌
Können Sie mir bitte ein Theaterstück empfehlen?

K 그 연극 공연표 2장만 예약해주시겠습니까?

뷔르덴 지- 비테 쯔바이 카르텐 퓌어 다스 테아터슈틱 베슈텔렌
Würden Sie bitte zwei Karten für das Theaterstück bestellenen?

K 중간에 휴식시간이 있습니까?

깁트 에스 쯔비쉔두르히 아이네 파우제
Gibt es zwischendurch eine Pause?

K 휴식 시간은 얼마동안입니까?

비- 랑에 다우어르트 디- 파우제
Wie lange dauert die Pause?

K 마지막 공연은 몇 시에 있습니까?

비-슈패트 베긴트 디 렐츠테 포어슈텔룽
Wie spät beggint die letzte Vorstellung?

K 공연 시간은 얼마동안 입니까?

비- 랑에 다우어르트 디- 포어슈텔룽
Wie lange dauert die Vorstellung?

K 어디서 티켓을 팝니까?

보- 칸 이히 아이네 카르테 카우펜
Wo kann ich eine Karte kaufen?

K 몇 시에 시작합니까?

비 슈패트 베긴트 디 포어슈텔룽
Wie spät beginnt die Vorstellung?

K 몇 시경에 끝납니까?

운게페어 움 비필 우어 엔데트 디 포어슈텔룽
Ungefähr um wieviel Uhr endet die Vorstellung?

K 입석이 있습니까?
하-벤 지- 슈테플레체
Haben Sie Stehplätze?

K 가장 싼 좌석 1장 부탁합니다.
디 빌리게스테 카르테 비테
Die billigste Karte, bitte!

K 프로그램 하나 주십시오.
이히 해테 게르네 아인 프로그람
Ich hätte gerne ein Programm.

K 요즘 어떤 영화가 인기 있습니까?
벨허 필름 이스트 예츠트 베립트
Welche Film ist jetzt beliebt?

K 영화관에는 무슨 영화가 상영되고 있습니까?
바스 로이프트 임 키-노
Was läuft im Kino?

K 이 영화에서는 누가 연기를 합니까?
베어 슈필트 인 뎀 필름
Wer spielt in dem Film?

K 주연이 누구입니까?
베어 진트 디- 하웊프트다-슈텔러
Wer sind die Hauptdarsteller?

K 감독이 누구입니까?
베어 이스트 데어 레지쇄-어
Wer ist der Regisseur?

K 어디에서 상영합니까?
인 벨헴 키노 칸 만 덴 필름 제-엔
In welchem Kino kann man den Film sehen?

K 그 영화는 영어로 제작되었습니까? 아니면 독일어로 제작되었습니까?
이스트 데어 필름 아우프 엥글리쉬 오더 아우프 도이취
Ist der Film auf englisch oder auf deutsch?

여흥

- **오페라 : Oper** [오퍼]
- **오페라하우스 : Opernhaus** [오퍼른 하우스]
- **고전의 : klassisch** [클라씨쉬]
- **음악 : Musik** [무직]
- **연주회 : Konzert** [콘체르트]
- **연극(작품) : Theaterstück** [테아-터슈틱]
- **공연 : Vorstellung** [포어슈텔룽]
- **주간공연 : Matinee** [마티네]
- **야간공연 : Sporee** [소포레]
- **주연 : Hauptdarsteller** [하우프트다슈텔러]
- **극장 : Theater** [테아터]
- **매표소 : Theaterkasse** [테아터카쎄]
- **서커스 : Zirkus** [찌르쿠스]
- **무대 : Bühne** [뷔네]
- **예매권 : Vorverkaufskarte** [포어페어카우프스카르테]
- **리허설 : Probe** [프로베]
- **발코니석 : Balkon** [발콘]
- **록음악 : Rockmusik** [로크무직]
- **민속무용 : Volkstanz** [폴크스탄쯔]
- **민속음악 : Volksmusik** [폴크스무직]
- **재즈 : Jazz** [재즈]
- **버라이어티 쇼 : Variete** [바리에테]
- **발레 : Ballet** [발렛트]
- **갤러리석 : Galerie** [갈레리]
- **지휘자 : Dirgent** [디르겐트]
- **음악제 : Musikfest** [무직페스트]
- **실내악 : Kammermusik** [캄머무직]
- **인형극 : Marionette** [마리오네트]

K 영화를 보고싶습니다.

이히 뫼히테 아이넨 필름 제-엔
Ich möchte einen Film sehen.

이 근처에 영화관이 있습니까?

깁트 에스 키노스 인 데어 내-에
Gibt es Kinos in der Nähe?

F 네, 두 블럭 더 가면 있습니다.

야 다스 키노 릭트 폰 히어 쯔바이 블록스 엔트페른트
Ja, das Kino liegt von hier 2 Blocks entfernt.

K 지금은 무엇을 상영하고 있습니까?

벨허 필름 비어트 예츠트 게슈필트
Wolcher Film wird jetzt gespielt?

F '레옹'을 상영하고 있습니다.

데어 필름 하이쓰트 레옹
Der Film heißt ist ‚Leon‘.

K 지금 가면 표를 구할 수 있을까요?

칸 이히 예츠트 노흐 아이네 카르테 베콤멘
Kann ich jetzt noch eine Karte bekommen?

F 아마 있을 겁니다.

필라이히트 깁트 에스 카르텐
Vielleicht gibt es Karten.

K 매우 감사합니다.

당케 쉔
Danke schön.

맥주집 ▶

여흥

유흥업소나 게임룸에 출입하려면 꼭 신분증을 지참하고 가도록 한다. 특히 동양인의 나이는 서양인들이 알기 어렵고 미성년자는 절대로 출입시키지 않는다.

 자주 쓰이는 표현 

Q 당신은 축구를 좋아합니까?
슈필렌 지- 게른 푸쓰발
Spielen Sie gern Fußball?

⇨ **아니오, 수영을 좋아합니다.**
나인 이히 슈빔메 게엔
Nein, ich schwimme gern.

라이텐 지 게른
· 승마 Reiten Sie gern

슈필렌 지 게른 바스켓발
· 농구 Spielen Sie gern Basketball

보울링 지 게른
· 볼링 Bowling Sie gern

라우펜 지 게른 아이스
· 스케이트 Laufen Sie gern eis

Q 게임을 하려고 합니다.
이히 뫼히테 아인 슈필 슈필렌
Ich möchte ein Spiel spielen.

⇨ **제가 안내해 드리겠습니다.**
폴겐 지- 미어 비테
Folgen Sie mir bitte.

바인 트링켄
· 술을 마시다 Wein trinken

탄쩬
· 춤추다 tanzen

인 아이넨 나흐트클럽 게엔
· 나이트클럽에 가다 in einen Nachtklub gehen

K 축구시합에 관한 정보를 원합니다.
이히 뫼히테 아우스쿤푸트 위버 다스 푸쓰발슈필 베콤멘
Ich möchte Auskunft über das Fußballspiel bekommen.

K 어느 팀과 어느 팀의 시합입니까?
벨헤 만샤프텐 슈필렌
Welche Mannschaften spielen?

K 지금도 티켓을 구할 수 있습니까?
깁트 에스 노흐 카르텐 다퓌어
Gibt es noch Karten dafür?

K 여기 수영장이 있습니까?
깁트 에스 히어 아인 슈빔바트
Gibt es hier ein Schwimmbad?

K 수영모자 없이 수영해도 됩니까?
다르프 만 오-네 바데캅페 슈빔멘
Darf man ohne Badekappe schwimmen?

K 이 부근에서 스키를 탈 수 있습니까?
칸 만 인 데어 내헤 쉬 파렌
Kann man in der Nähe Ski fahren?

K 스키를 빌리고 싶습니다.
이히 뫼히테 미어 아이네 쉬아우스뤼스퉁 아우스라이엔
Ich möchte mir eine Schiausrüstung ausreihen.

K 170cm짜리 스키를 빌려주십시오.
비테 아인 파르 쉬어 아인 메터 집치히 랑
Bitte, ein Paar Schier, 1m 70 lang.

K 반나절 스키학교에 입학하고 싶습니다.
이히 뫼히테 할프탁스 아이네 쉬슐레 베죽헨
Ich möchte halbtags eine Schischule besuchen.

K 여기서 서핑을 할 수 있습니까?
칸 만 히어 써-픈
Kann man hier surfen?

- 스키복 : **Schikleidung** [쉬클라이둥]
- 스키모자 : **Schimütze** [쉬뮈체]
- 스키보드 : **ein Paar Schi** [아인 파르 쉬]
- 스키화 : **Schistiefel** [쉬슈티펠]
- 스키스틱 : **Schistock** [쉬슈톡]
- 스키안경 : **Schibrille** [쉬브릴레]
- 장갑 : **Handschuhe** [한트슈에]
- 바인딩 : **Bindung** [빈둥]
- 로프웨이 : **Seilbahn** [자일반]
- 초급 : **Anfangsklasse** [안팡스클라쎄]
- 중급 : **Mittelklasse** [밋텔클라쎄]
- 상급 : **Höhere Klasse** [회어레 클라쎄]
- 임대스키 : **Mietskiausrüstung** [미트쉬-아우스뤼스퉁]
- 보증금 : **Kaution** [카우치온]
- 로커 : **Schließfach** [슐리쓰파흐]
- 스키코스 : **Schigelände** [쉬게렌데]
- 빙하 : **Gletscher** [글레춰]
- 눈사태 : **Lawine** [라비네]
- 1일권 : **Tageskarte** [타게스카르테]
- 반일권 : **Halbtagskarte** [할프탁스카르테]
- 스키패스(3-4일간 유효) : **Skipaß** [쉬파쓰]
- 물안경 : **Schwimmbrille** [슈빔브릴레]
- 실내수영장 : **Hallenbad** [할렌바트]
- 골프장 : **Golfplatz** [골프플랏츠]
- 골프채 : **Golfschläger** [골프슐래-거]
- 골프화 : **Golfschuhe** [골프슈에]

F 함께 가시겠어요?

콤멘 지- 밑
Kommen Sie mit?

K 어디로?

보힌 덴
Wohin denn?

F 수영하러 가려고 합니다.

비어 게-엔 쭘 슈빔멘
Wir gehen zum Schwimmen.

K 거기까지 무엇으로 갑니까?

비- 콤멘 비어 도르트힌
Wie kommen wir dorthin?

F 자전거로 가는 것이 제일 빨라요.

밑 뎀 파라-트 이스트 에스 암 슈넬스텐
Mit dem Fahrrad ist es am schnellsten.

F 수영 팬티를 가져오세요, 곧 출발합니다.

파크 다이네 바데호제 아인 비어 볼렌 글라이히 로스
Pack deine Badehose ein, wir wollen gleich los.

K 잠깐만 기다리십시오!

아이넨 아우겐블릭 비테
Einen Augenblick, bitte!

인쇄박물관 ▶
(구텐베르크)

자유시간 활용법

오페라 · 음악회

세계적으로 유명한 오페라나 음악회 등의 정보는 관광안내소나 호텔의 안내, 레코드가게, 서점, 커피숍에서도 무료로 얻을 수 있다. 보다 자세한 정보를 원하는 사람은 서점에서 문화정보지를 구입하는 편이 좋다.

나이트쇼

고급호텔에서 식사와 음료를 들면서 즐기는 디너쇼와 전속쇼가 있으며, 구경은 자유이나 신체적 접촉은 엄격히 금한다.

카지노

카지노에서는 보통 현금을 직접 사용하지 않고 칩(chip)으로 바꿔서 사용한다. 유럽에서는 도박이라기 보다는 사교장으로서 의미가 크기 때문에 복장은 별로 신경쓸 필요가 없다. 단 게임을 하는 사람의 정면 사진촬영은 절대금지!

디스코텍

예약할 필요도 없고 입장료도 그리 비싸지 않아 누구나 부담없이 즐길 수 있으며, 우리나라와는 달리 입장료와 음료수값을 따로 지불해야 한다. 짐은 될 수 있으면 보관소에 맡기고 번호표를 잘 간수하도록 한다. 연령제한을 철저히 하고 동양인의 나이는 추측하지 못하므로 여권등 연령을 증명할 수 있는 것을 제시해야 한다.

술집

외국에서는 Pub이라하며, 식사도 가능하다. 물론 호텔의 Bar나 칵테일 라운지도 좋지만 거리 곳곳에 있는 이런 술집은 서민들의 생활을 느낄 수 있다.
유럽에서는 술취한 사람에게는 엄격하며 만취되어 소란을 피우거나 사고를 내면 그 자리에서 연행되기 쉽상이다.

공중전화로 할 때는 한 통화에 30Pf로 거는 방법은 한국과 같다. 공중전화를 걸 때는 카드나 동전을 사용한다. 사용되는 동전은 10Pf, 50Pf, 1DM, 5DM 동전 등이다. 오래된 전화기에는 5DM 동전을 사용할 수 없는 경우도 있다. 또 최근에는 카드식 공중전화기가 많이 있는데, 국제전화를 할 때 훨씬 더 편리하다. 카드는 12DM와 50DM 2종류가 있는데 카드는 우체국에서 살 수 있다.

국제전화

국제전화는 교환을 통해서 거는 방법과 교환원을 통하지 않고 바로 공중전화로 걸 수 있는 두 가지가 있다.

■ 번호통화(Station Call)

교환에게 상대방의 전화번호만을 신청하는 것으로 요금이 싸다.

교환	⇨	번호통화 신청	⇨	통화 연결

■ 지정통화(Personal Call)

통화하고 싶은 상대를 지정하여 그 사람이 부재시에는 요금을 받지 않는 제도로 요금이 비쌈.

교환	⇨	지정통화 신청	⇨	통화 개시

■ 수신자 부담 전화(Collect Call)

국내의 수신인이 통화요금을 지불하는 제도.

교환	⇨	콜렉트콜 신청	⇨	통화 개시

■ 직통통화

독일에서 한국으로 전화하려 할 때 돈이
없어도 일반 전화기나 국제통화 겸용
공중전화기로 직접 한국의 교환원을
호출하여 전화하는 서비스로 요금은
국내에서 지불하나 가격이 비싸다.

| 전화번호 | 0130-80-0082 / 0130-80-0820 |

직접통화(ISD : International Subscriber Dialing)

교환 없이 직접 일반전화나 International(인터내셔널)이라고 쓰여
있는 공중전화에서 바로 국제전화를 걸수 있고, 요금도 싸다.

| 국제전화
접속코드 | ⇨ | 국가번호
82 | ⇨ | 국내
지역번호 | ⇨ | 전화번호 |

■ 독일에서 한국 서울의 123-4567로

독일 : 00 + 82 + 2 + 123-4657
　　　 접속코드 한국 서울　　 번호

※ 국내 지역국번의 '0'는 사용하지 않음.
　(서울 : 02 → 2 / 부산 : 051 → 51 / 인천 : 032 → 32)

통신 전화

요즘에는 공중전화로 국제전화를 직통으로 걸 수 있다. 공중전화는 카드식과 동전식이 있는데, 국제전화를 거는데는 카드식이 편리하다. 전화카드는 우체국에서 살 수 있다.

 **자주 쓰이는 표현** ●●●●●●●●●●●●●●●●●●●●● 

Ⓠ **한스씨 좀 바꿔주세요.**
칸 이히 비테 한스 슈프레헨
Kann ich bitte Hans sprechen?

⇨ **접니다.**
암 아파라트
Am apparat.

파울
• **폴** Paul

헤어 김
• **김선생님** Herr Kim

프라우 막스
• **막스부인** Frau Max

프롤라인 헨델
• **헨델양** Fräulein Händel

Ⓠ **네, 교환입니다.**
할로 히어 이스트 디 텔레폰쩬트랄레 아우스란트
Hallo, hier ist die Telefonzentrale Ausland.

⇨ **서울로 전화를 걸고 싶습니다.**
이히 뫼히테 나흐 서울 텔레포니어렌
Ich möchte nach Seoul telefonieren.

아인 에르- 게슈프래히 나흐 서울 안멜덴
• **콜렉트콜** ein R-Gespräch nach Seoul anmelden

아인 페르죈리헤스 게슈프래히 밑 서울 퓌-렌
• **지정통화** ein persönliches Gespräch mit Seoul fühlen

통신

응용한 표현

K 여보세요!

할로
Hallo!

K 통화중입니다.

에어 슈프리히트 게라데 밑 예만뎀
Er spricht gerade mit jemamdem.

K 외출중입니다.

에어 이스트 임 모멘트 니히트 다
Er ist im Moment nicht da.

K 전화거신 분은 누구입니까?

베어 이스트 비테 암 아파라트
Wer ist bitte am Apparat?

K 전화 잘못 거셨습니다.

지- 하벤 지히 페어밸트
Sie haben sich verwählt.

K 김이 전화했었다고 전해주세요.

쾬텐 지- 임 자겐 다쓰 헤어 김 안게루펜 핱
Könnten Sie ihm sagen, daß Herr Kim angerufen hat?

K 나중에 다시 걸겠습니다.

이히 베르데 슈패터 노흐 아인말 안루펜
Ich werde später noch einmal anrufen.

K 한국 국가번호가 어떻게 됩니까?

비- 이스트 디- 포어발누머 폰 코레아
Wie ist die Vorwahlnummer von Korea?

K 한국으로 전화하고 싶습니다.

이히 뫼히테 나흐 코레아 텔레포니어렌
Ich möchte nach Korea telefonieren.

K 좀 더 천천히 말해 주세요.

슈프레헨 지- 비테 노흐 랑자-머
Sprechen Sie bitte noch langsamer.

K 시외 전화를 부탁합니다.
이히 뫼히테 아인 페른게슈프래히 안멜덴
Ich möchte ein Ferngespräch anmelden.

K 이 전화는 고장입니다.
다스 텔레폰 이스트 카푸트
Das Telefon ist kaputt.

K 긴급입니다.
디저 안루프 이스트 드링엔트
Dieser Anruf ist dringend.

K 콜렉트 콜을 신청하고 싶습니다.
이히 뫼히테 아인 에르 게슈프래히 안멜덴
Ich möchte ein R-Gespräch anmelden.

---

i 공중전화 거는 요령은 우리나라와 동일하며 최저 요금은 30Pf이며 카드 전화도 있다.
전화카드는 12DM와 50DM의 두 종류가 있으며 우체국에서 판매한다. 독일에서 한국으로 전화를 하려면 00-82(한국의 국가번호)를 누르고 0을 뺀 지역번호와 가입자번호를 누르면 된다. 서울의 123-4567번으로 전화를 하려면 00-82-2-123-4567을 누르면 된다. 한국에서 독일로 전화를 할 때는 독일의 국가번호 49번을 누른다.

통신

▼

◆ 전화박스 : **Telefonzelle** [텔레폰쩰레]
◆ 카드전화기 : **Kartentelefon** [카르텐텔레폰]
◆ 전화카드 : **Telefonkarte** [텔레폰카르테]
◆ 지역번호 : **Vorwahlnummer** [포어발누머]
◆ 장거리통화 : **Ferngespräch** [페른게슈프래히]
◆ 콜렉트콜 : **R-Gespräch** [에르-게슈플래히]
◆ 국제전화 : **Auslandsgespräch** [아우스란츠게슈프래히]
◆ 교환원 : **Telefonistin** [텔레포니스틴]
◆ 시내통화 : **Ortsgesprach** [오르츠게슈프래히]
◆ 긴급통화 : **ein dringendes Gespräch**
　　　　　　　[아인 드링엔데스 게슈프래히]
◆ 전화번호부 : **Telefonbuch** [텔레폰부흐]
◆ 공중전화 : **Münzfernsprecher** [뮌쯔페른슈프레허]

전화카드 ▶

F 한스입니다! (전화를 받을 때 '여보세요' 대신에)
히어 슈프리히트 한스
Hier spricht Hans!

K 저는 김이라고 합니다.
히어 슈프리히트 김
Hier spricht Kim.

K 클라인씨 계십니까?
이스트 헤어 클라인 다
Ist Herr Klein da?

F 클라인씨는 지금 안 계십니다.
헤어 클라인 이스트 니히트 다
Herr Klein ist nicht da.

K 언제쯤 돌아옵니까?
반 이스트 에어 비더 다
Wann ist er wieder da?

F 제가 전해드릴 말이 있습니까?
졸 이히 임 에트바스 아우스리히텐
Soll ich ihm etwas ausrichten?

K 아닙니다, 고맙습니다.
나인 당케
Nein, danke.

K 나중에 다시 전화하겠습니다.
이히 베르데 인 슈패-터 노흐 아인말 안루펜
Ich werde ihn später noch einmal anrufen.

통신

통신

우표는 우체국이 아니더라도 우체통 옆에 있는 자동판매기에서 구입할 수 있다. 그러나 국제 우편은 지역과 중량에 따라 요금이 다르므로 정확한 요금을 알아보고 적당액의 우표를 붙이도록 한다.

자주 쓰이는 표현 

Q 어떤 우표를 원하세요?

바스 퓌어 브리프마르켄 뫼히텐 지-
Was für Briefmarken möchten Sie?

⇨ **항공우편입니다.**

이히 뫼히테 다스 밑 루프트포스트 쉭켄
Ich möchte das <u>mit Luftpost</u> schicken

밑 제포스트
· 선박우편 **mit Seepost**

알스 아인슈라이벤
· 등기우편 **als Einschreiben**

Q 어떻게 보내시겠습니까?

비- 뫼히텐 지- 덴 브리프 쉭켄
Wie möchten Sie den Brief schicken?

⇨ **빠른우편으로 부쳐주십시오.**

비테 알스 아일브리프
Bitte, <u>als Eilbrief</u>.

알스 아인슈라이벤
· 등기 **als Einschreiben**

페어 쉽
· 선박편 **per Schiff**

Ⓚ 우체통은 어디에 있습니까?
보- 이스트 데어 브리프카스텐
Wo ist der Briefkasten?

Ⓚ 소포창구가 어디입니까?
보- 이스트 데어 파켓솰터
Wo ist der Paketschalter?

Ⓕ 주소가 어떻게 됩니까?
비- 라우테트 디 아드렛세
Wie lautet die Adresse?

Ⓚ 우표를 얼마짜리 붙여야 합니까?
비필 무쓰 이히 드라우프클레벤
Wieviel muß ich draufkleben?

Ⓚ 이 소포를 한국으로 보내고 싶습니다.
이히 뫼히테 디제스 팩헨 나흐 코레아 쉬켄
Ich möchte dieses Päckchen nach Korea schicken.

Ⓚ 여기서 한국까지는 얼마나 걸립니까?
비- 랑에 다우어르트 에스 폰 히어 나흐 코레아
Wie lange dauert es von hier nach Korea?

Ⓚ 전보를 한 장 치고 싶습니다.
이히 뫼히테 아인 텔레그람 쉬켄
Ich möchte ein Telegramm schicken.

Ⓕ 이 서류를 작성해 주세요.
퓔렌 지- 비테 디제스 포르뮬라 아우스
Füllen Sie bitte dieses Formular aus.

Ⓚ 1자에 얼마입니까?
바스 코스테트 아인 보르트
Was kostet ein Wort?

Ⓚ 우편엽서 한 장만 주십시오.
게벤 지- 미어 비테 아이네 포스트카르테
Geben Sie mir bitte eine Postkarte.

통신

◆**안내** : **Information** [인포르마치온]

◆**그림엽서** : **Ansichtskarte** [안지히츠카르테]

◆**우표** : **Briefmarke** [브리프마르케]

◆**기념우표** : **Sonderbriefmarke** [존더브리프마케]

◆**봉투** : **Umschlag** [움슐락]

◆**편지지** : **Briefpapier** [브리프파피어]

◆**항공서간** : **Luftpostleichtbrief**
　　　　　　[루프트포스트라이히트브리프]

◆**인쇄물** : **Drucksache** [드룩작헤]

◆**속달** : **Eilpost** [아일포스트]

◆**우체통** : **Briefkasten** [브리프카스텐]

◆**보통전보** : **gewöhnliche Telegramm**
　　　　　　[게뵌리헤 텔레그람]

◆**긴급전보** : **Expreßtelegramm** [엑스프레스텔레그람]

◆**주소** : **Adresse** [아드레세]

◆**발신인** : **Absender** [압젠더]

◆**수신인** : **Empfänger** [엠펭어]

◆**취급주의** : **Vorsichtig Handhaben**
　　　　　　[포어지히티히 한트하벤]

독일은 우체통에 우체부가 편지를 가져가는 시간
이 적혀있다. 도시 사이에는 편지를 부친 다음날
배달되는 것이 일반적이다.

[K] 이 그림엽서를 한국에 보내고 싶습니다만.

이히 뫼히테 디제 안지히츠카르텐 나흐 코레아 쉬켄
Ich möchte diese Ansichtskarten nach Korea schicken.

[F] 우표가 필요합니까?

뫼히텐 지- 브리프마르켄
Möchten Sie Briefmarken?

[K] 네, 두 장에 얼마입니까?

야 비필 코스테트 다스 퓌어 바이데 카르텐
Ja, wieviel kostet das für beide Karten?

[F] 한 장에 80페니히, 두 장에 1마르크 60페니히가 되지요.

아흐찌히 페니히 퓌어 아이네 카르테 아인 마르크 제히찌히 퓌어 바이데
80 Pfennig für eine Karte, 1 Mark 60 für beide.

[K] 엽서에 붙이는 항공우편용 스티커도 주십시오.

게벤 지- 미어 비테 루프트포스트아우프클레버 퓌어 디제 카르텐
Geben Sie mir bitte Luftpostaufkleber für diese Karten.

[F] 우표와 함께 드렸습니다.

지- 진트 바이 덴 브리프마르켄
Sie sind bei den Briefmarken.

우체통 ▶ 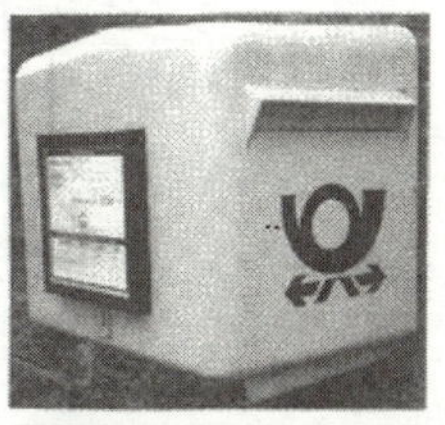

신 체

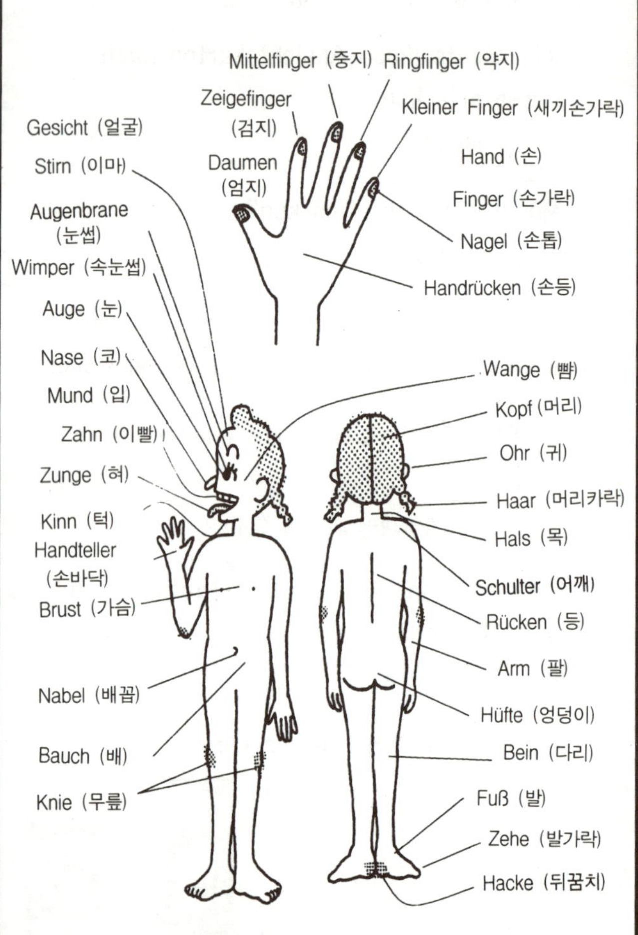

Mittelfinger (중지)
Ringfinger (약지)
Zeigefinger (검지)
Kleiner Finger (새끼손가락)
Gesicht (얼굴)
Daumen (엄지)
Hand (손)
Stirn (이마)
Finger (손가락)
Augenbrane (눈썹)
Nagel (손톱)
Wimper (속눈썹)
Handrücken (손등)
Auge (눈)
Nase (코)
Wange (빰)
Mund (입)
Kopf (머리)
Zahn (이빨)
Ohr (귀)
Zunge (혀)
Haar (머리카락)
Kinn (턱)
Hals (목)
Handteller (손바닥)
Schulter (어깨)
Brust (가슴)
Rücken (등)
Arm (팔)
Nabel (배꼽)
Hüfte (엉덩이)
Bein (다리)
Bauch (배)
Fuß (발)
Knie (무릎)
Zehe (발가락)
Hacke (뒤꿈치)

긴급사태
NOTSTAND

물건을 분실, 도난당하였거나 병이 나는 등의 돌발사고가 일어 났을 때는 바로 전화로 교환에게 연락하면 그 사정에 따라 경찰이나 병원 등으로 연결해 준다. 언어에 자신이 없는 사람은 가이드 또는 한국대사관이나 총영사관 등 한국어가 통하는 곳에 연락하여 도움을 받도록 한다.

약국(Apotheke)

독일에서는 보통 의사의 처방이 있어야 약을 구입할 수 있다. 그러나 파스, 아스피린, 영양제 등의 간단한 약들은 의사의 처방전 없이도 구입 할 수 있다. 하지만 만일을 대비해 출국할 때에 간단한 비상약품은 준비해 가도록 한다.

병원(Krankenhause)

독일의 개인병원은 보통 Praxis(프락시스)라고 하며, 종합병원을 Krankenhause(크랑켄하우스)라고 한다.
의료시설이 발달되었고 주말에는 지역별로 당번의사가 있어서 Notfall(노트팔)에 전화를 걸면 의료서비스를 받을 수 있다. 여행자 의료보험에 가입하는 것이 좋다.

분실

여권을 분실하거나 도난 당했을 때는 가까운 한국대사관이나 영사관을 찾아가 신고하고 여권 재발급 수속을 밟는다. 여권을 분실하였을 경우 사진2매를 첨부하여 여권번호와 발행 월·일을

기재해서 신청서를 재출한다. 여행증명서는 바로 발급받을 수
있으나 여권의 재발급은 1주일이나 2주일 정도 걸린다.

화장실(Toilette)

해외에서의 화장실 사정은 나라에 따라 다르지만 독일에서는
공중화장실이 대부분 유료화장실이므로 반드시 동전을 충분히
준비하고 다니도록 한다. 문에 동전을 넣는 자동식과 입구에서
관리인이 돈을 받는데가 있다. 안에 들어가서 문을 잠그지
않으면 등이 켜지지 않을 수도 있으므로 주의해야 한다. 사정은
급한데 주위에 화장실이 보이지 않을 때는 근처에 있는 호텔,
백화점, 주유소, 패스트푸드점의 화장실은 무료로 사용 가능하고
위생이나 치안이 우수하다.

긴급전화

- 한국대사관 : 0228)26-7960
  (주소 : Adenaueralle 124, 53113 Bonn 1)
- 프랑크푸르트 한국영사관 : 069)56-3051~3
               대한항공 : 069)1381-1231, T/F 0130-6333
               루프트한자 : 069)255-255
- 독일(경찰) : 110
  (구급차) : 112

- 기타 유럽국가

  | 프랑스 (경찰) : 17 |
  | (구급차) : 15 |
  | 이태리 (경찰) : 112 |
  | (구급차) : 5100 |
  | 스페인 (경찰) : 091 |

긴급사태 분실/도난

여행중에 물건을 분실하였을 때는 너무 당황해 하지 말고
경찰서에 도움을 요청하도록 한다. 여권 분실에 대비하여 출발
할 때부터 여분의 사진(2매)을 준비해 가도록 한다.

 **자주 쓰이는 표현** •••••••••••••••••••••• 

Ⓠ **무엇을 도와드릴까요?**

바스 뫼히텐 지–
Was möchten Sie?

⇨ **비행기표를 잃어버렸습니다.**

이히 히베 마인 플룩티켓 페어로레
Ich habe mein Flugticket verloren.

마이넨 파쓰
• **여권 meinen Paß**

마이네 브리프타쉐
• **지갑 meine Brieftasche**

마이넨 코퍼
• **가방 meinen Koffer**

마이넨 유레일 파쓰
• **유레일패스 meinen Eurail Paß**

Ⓠ **어디에서 잃어 버렸습니까?**

보 하벤 지– 이–어 플룩티켓 페어로렌
Wo haben Sie Ihr Flugticket verloren?

⇨ **기차 안에서입니다.**

임 쭉
Im Zug.

임 부스
• **버스 Im Bus**

임 탁시
• **택시 Im Taxi**

인 데어 우–반
• **지하철 In der U-Bahn**

임 반호프
• **역 Im Bahnhof**

▼

F 조심하세요!
아흐퉁 파쓰 아우프
Achtung! Paß auf!

K 도둑이야! 저놈 잡아라!
에어 이스트 아인 로이버 팡 인
Er ist ein Räuber! Fang ihn!

K 절도신고를 하고 싶습니다.
이히 뫼히테 아이넨 딥슈탈 멜덴
Ich möchte einen Diebstahl melden.

K 강탈당했습니다.
이히 빈 베라웁트 보르덴
Ich bin beraubt worden.

K 내 돈을 훔쳐갔어요.
만 핱 미어 마인 겔트 게슈톨렌
Man hat mir mein Geld gestohlen.

K 경찰서에 연락해 주십시오.
루펜 지- 비테 디 폴리짜이 안
Rufen Sie bitte die Polizei an.

K 한국 대사관에 연락해 주시겠습니까?
뷔르덴 지- 비테 디 코리아니쉐 보트샤프트 안루펜
Würden Sie bitte die koreanische Botschaft anrufen?

K 사고 증명서를 주십시오.
게벤 지- 미어 비테 아이네 운팔베샤이니궁
Geben Sie mir bitte eine Unfallbescheinigung.

K 도난 증명서를 주십시오.
슈텔렌 지- 미어 비테 아이네 베샤이니궁 위버 덴 딥슈탈 아우스
Stellen Sie mir bitte eine Bescheinigung über den Diebstahl aus.

K 분실물 보관소는 어디입니까?
보- 이스트 다스 푼트뷔로
Wo ist das Fundbüro?

F **어디에서 잃어버렸습니까?**
보- 하벤 지- 에스 페어로렌
Wo haben Sie es verloren?

K **제게 새 비행기표를 발행해 줄 수 있습니까?**
쾬넨 지- 미어 아인 노이에스 티켙 아우스슈텔렌
Können Sie mir ein neues Ticket ausstellen?

K **저를 대기자 명단에 올려주시겠습니까?**
쾬넨 지- 미히 인 디 바르테리스테 아인트라-겐
Können Sie mich in die Warteliste eintragen?

F **발행증명서를 보여 주십시오.**
게-벤 지- 미어 비테 아이네 카우프베슈태티궁
Geben Sie mir bitte eine Kaufbestätigung.

F **찾으면 어디로 보내드릴까요?**
보- 졸렌 비어 에스 힌 쉬켄 벤 비어 에스 핀덴
Wo sollen wir es hin schicken, wenn wir es finden.

K **이 주소로 보내주십시오.**
지- 쉬켄 에스 안 디-저 아드렛세
Sie schicken es an dieser Adresse.

▼ 여행자 수표

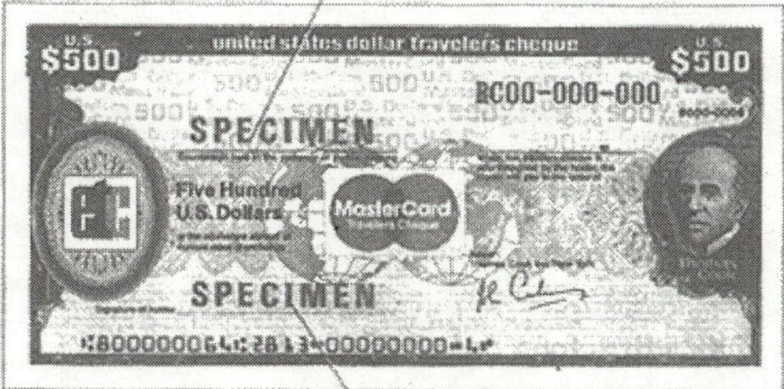

긴급사태

◆**절도 : Diebstahl** [딥슈탈]
◆**자동차사고 : Autounfall** [아우토운팔]
◆**분실증명서 : Bescheinigung über den Verlust**
　　　　[베샤이니궁 위버 덴 페어루스트]
◆**돈지갑 : Geldbeutel** [겔트보이텔]
◆**수하물 예치증 : Gepäckschein** [게팩샤인]
◆**경찰 : Polizei** [폴리짜이]
◆**한국 대사관 : die koreanische Botschaft**
　　　　[디 코레아니셰 보트샤프트]
◆**발행사본 : Kaufsbestätigung** [카우프스베슈태티궁]
◆**재발행하다 : neu ausstellen** [노이 아우스슈텔렌]
◆**강탈하다 : berauben** [베라우벤]

독일의 대도시의 역이나 사람이 붐비는 번화가 등에서는 물건을 잘 간수해야 한다. 화장실이나 공중전화를 사용할 때에는 휴대품을 가장 가까운 곳에 놓고 사용을 하며 물건을 사물함에 보관하고자 할 때는 사람들이 많이 있는 곳을 이용하고 한적한 곳은 피한다. 또한 불필요하게 말을 걸어오는 사람들은 피하며 짚시나 어린아이들이 뺑 둘러싸고 추근거릴 때 단호하게 처리하며 휴대품 가방끈이 길면 뒤에서 오토바이를 탄채로 훔치는 경우도 있다. 현금이나 귀중품들은 반드시 몸의 안쪽에 지니도록 하거나 귀중품보관소나 사물함에 넣는다.
만약 물건을 도난당했을 때는 가까운 경찰에 신고하고, 도난신고증명서를 받는다. 보험에 가입했을 경우 보상신청시 필요하다.

K 죄송합니다. 유레일패스를 잃었습니다.

엔트슐디겐 지- 비테 이히 하베 마이넨 유레일 팟쓰 페어로-렌
Entschuldigen Sie bitte. Ich habe meinen Eurail Paß verloren.

K 재발급 해 주십시오.

쾬넨 지- 미어 아이넨 노이넨 아우스슈텔렌
Können Sie mir einen neuen ausstellen?

F 사본을 가지고 있습니까?

하벤 지- 아이네 카우프베슈태티궁 데스 유레일 팟세스
Haben Sie eine Kaufbestätigung des Eurail Passes?

K 예, 여기있습니다.

야 히-어 이스트 지
Ja, hier ist sie.

K 곧 됩니까?

쾬넨 지- 인 글라이히 아우스슈텔렌
Können Sie ihn gleich ausstellen?

F 아니오, 여기에서는 할 수 없습니다.

나인 히-어 쾬넨 비어 인 니히트 아우스슈텔렌
Nein, hier können wir ihn nicht ausstellen.

K 재발급 받을 수 있는 가장 가까운 역은 어디입니까?

보- 칸 만 인 글라이히 아우스슈텔렌
Wo kann man ihn gleich ausstellen?

F 베를린입니다.

인 베를린
In Berlin.

K 알았습니다. 감사합니다.

필-렌 당크
Vielen Dank.

긴
급
사
태

긴급사태 질병

약국에서 의사의 처방전이 없으면 약을 팔지 않으므로 간단한 비상약 등은 미리 준비해 가는 것이 좋으며 언어에 자신이 없으면 병원에서는 아픈 부분을 손으로 지적해도 된다.

 **자주 쓰이는 표현** 

Q **어디에 통증이 있습니까?**

보- 하벤 지- 슈메르쩬
Wo haben Sie Schmerzen?

⇨ **목이 아픕니다.**

이히 하베 할스슈메르쩬
Ich habe Halsschmerzen.

바우흐슈메르쩬
· 복통　**Bauchschmerzen**

코프슈메르쩬
· 두통　**Kopfschmerzen**

짠슈메르쩬
· 치통　**Zahnschmerze**

마겐크램페
· 위경련　**Magenkrämpfe**

Q **무엇이 필요하십니까?**

바스 브라욱헨 지-
Was brauchen Sie?

⇨ **비타민 알약이 필요합니다.**

이히 브라욱헤 비타민타블렡텐
Ich brauche Vitamintabletten.

아인 헤프트플라스터
· 일회용밴드　**ein Heftpflaster**

아인 베루이궁스밑텔
· 진정제　**ein Beruhigungsmittel**

아인 메디카멘트 게-겐 두루히팔
· 설사약　**ein Medikament gegen Durchfall**

K 자동차사고가 났습니다.
아인 아우토운팔 이스트 파시어트
Ein Autounfall ist passiert.

K 구급차를 불러주십시오.
루펜 지- 비테 아이넨 노트아르츠트바겐
Rufen Sie bitte einen Notarztwagen.

F 부상자가 있습니까?
깁트 에스 페어레츠테
Gibt es Verletzte?

K 경찰에 신고해야 합니까?
무쓰 이히 다스 바이 데어 폴리짜이 멜덴
Muß ich das bei der Polizei melden?

K 어지럽습니다.
에스 슈빈델트 미어 / 미어 이스트 슈빈들리히
Es schwindelt mir. / Mir ist schwindlig.

K 병이 났습니다.
이히 빈 크랑크
Ich bin krank.

K 감기에 걸렸습니다.
이히 빈 에어켈테트
Ich bin erkältet.

K 탈진했습니다.
이히 빈 에어쇱프트
Ich bin erschöpft.

K 병원에 데려다 주십시오.
비테 브링엔 지- 미히 쭘 크랑켄하우스
Bitte, bringen Sie mich zum Krankenhaus.

K 의사를 불러 주십시오.
쾬넨 지- 아이넨 아르즈트 홀렌
Können Sie einen Arzt holen?

긴급사태

K 눈이 따갑습니다.
마이네 아우겐 브렌넨
Meine Augen brennen.

K 다리가 부러졌습니다.
이히 하베 미어 다스 바인 게브록헨
Ich habe mir das Bein gebrochen.

K 문에 손가락을 찧었습니다.
이히 하베 미어 덴 핑거 인 데어 튀어 아인게클렘트
Ich habe mir den Finger in der Tür eingeklemmt.

K 내 혈액형은 A형입니다.
이히 하베 블루트그룹페 아
Ich habe Blutgruppe A.

K 굴 알레르기가 있습니다.
이히 하베 아이네 알레르기 게겐 아우스터른
Ich habe eine Allergie gegen Austern.

K 피부에 두드러기가 났습니다.
이히 하베 아이넨 하우트아우스슐락
Ich habe einen Hautausschlag.

K 병원에 입원해야 합니까?
무쓰 이히 인스 크랑켄하우스 게엔
Muß ich ins Krankenhaus gehen?

K 여행을 계속해도 됩니까?
칸 이히 마이네 라이제 포르트제첸
Kann ich meine Reise fortsetzen?

F 처방전을 적어주겠습니다.
이히 게베 이넨 아인 레쳅트
Ich gebe Ihnen ein Rezept.

K 이 알약을 얼마나 자주 먹어야 합니까?
비- 오프트 무쓰 이히 디-제 타블렡텐 아인네-멘
Wie oft muß ich diese Tabletten einnehmen?

- ◆병원 : **Krankenhaus** [크랑켄하우스]
- ◆의사 : **Arzt** [아르츠트]
- ◆간호원 : **Krankenschwester** [크랑켄슈베스터]
- ◆소아과의사 : **Kinderarzt** [킨더아르쯔트]
- ◆내과의사 : **Internist** [인터니스트]
- ◆외과의사 : **Chirurg** [히루르크]
- ◆안과의사 : **Augenarzt** [아우겐아르쯔트]
- ◆치과의사 : **Zahnarzt** [짠아르쯔트]
- ◆피부과의사 : **Hautarzt** [하우트아르쯔트]
- ◆이비인후과의사 : **Hals-Nasen-Ohren-Arzt** [할스-나젠-오렌-아르쯔트]
- ◆응급처치 : **Erste Hilfe** [응급처치]
- ◆구급차 : **Krankenwagen** [그랑켄비겐]
- ◆편두통 : **Migräne** [미그레-네]
- ◆수술 : **Operation** [오퍼라치온]
- ◆주사 : **Injektion** [인젝치온]
- ◆약 : **Tablette** [타블레테]
- ◆처방전 : **Rezept** [레쳅트]
- ◆맥박 : **Puls** [풀스]
- ◆체온 : **Körpertemperatur** [쾨르퍼템퍼라투어]
- ◆두드러기 : **Nesselausschlag** [네셀아우스슐락]
- ◆재채기 : **Niesen** [니젠]

몸의 상태가 안좋은 것은 미리 치료하고 만성질병이 있는 경우는 의사에게 영문처방전을 받아가지고 가는 것이 좋다. 여행중에는 될 수 있는 한 과음과 과식을 삼가고 편식을 하지 않는다.

K 몸이 좋지 않습니다.
이히 필레 미히 니히트 볼
Ich fühle mich nicht wohl.

F 어디가 아프십니까?
바스 투트 이넨 베-
Was tut Ihnen weh?

K 머리와 등만 아픕니다.
누어 마인 코프 운트 뤼켄 툰 미어 베-
Nur mein Kopf und Rücken tun mir weh.

F 입을 벌려주십시오.
막헨 지- 덴 문트 아우프
Machen Sie den Mund auf.

목이 아픕니까?
하벤 지- 아이넨 엔트췬데텐 할스
Haben Sie einen entzündeten Hals?

K 아프지 않습니다.
나인
Nein.

F 감기예요.
지- 하벤 아이네 에어켈퉁
Sie haben eine Erkältung.

K 심합니까?
이스트 에스 에른스트하프트
Ist es ernsthaft?

F 아니오, 심하지 않습니다.
나인 에스 이스트 바이터 니히트 슈림
Nein, es ist weiter nicht schlimm.

귀국

독일을 출국할 때의 순서는 한국을 출발할 때와 거의 같다.

출국순서

■예약확인

개인적으로 여행을 하는 경우에는 출발72시간전까지 항공회사에 전화를 하거나 카운터에서 예약 재확인을 할 필요가 있다. 재확인을 게을리하면 예약이 취소되어버리는 경우가 있다.

■출국심사

출국심사카운터에서 여권과 Einsteigekarte(탑승권)를 제시한다

여행 휴대품 신고 안내

■김포공항

면세통로(녹색)

- 해외나 국내 면세점에서 취득 후 반입하는 물품 총금액이 30만원이하
- 주류 1병(1ℓ 이하), 담배 1보루(200개비) - [20세 미만 제외]
- 향수 2온스 이하

자진신고 검사대(백색)

- 면세 통과 해당 이외의 물품을 가진 사람

통관불허

- 휴대폰
- 휴대용 송수신기
- 일제 비디오카메라
- 일제 디코더(암호해독기)
- 마약, 위폐, 풍속을 해치는 서적, 음반 등

귀국

출국하기 3일(72시간) 전에는 반드시 예약을 확인한 다음 출발 당일 두 시간 전에 공항에 도착하여 해당 항공사에 체크인하여 좌석 배정을 받는다.

자주 쓰이는 표현

Q 대한항공 창구가 어디에 있습니까?
보- 이스트 데어 솰터 폰 코리언 에어
Wo ist der Schalter von Korean Air?

⇨ **항공편을 확인하고자 합니다.**
이히 뫼히테 마이넨 플룩 베슈태-티겐
Ich möchte meinen Flug bestätigen.

움북헨
· **예약을 변경하다** umbuchen

레저비어렌
· **예약하다** reservieren

할인티켓인 경우 몇 번의 예약을 재확인한 경우라도 공항에서 항공 좌석이 모자라면 좌석을 배정받지 못할 수도 있다. 어이없는 일이지만 이런 경우는 우선 재확인의 상대편 이름을 기록하고, 출발하는 날 2시간 전에 공항에서 일찍 체크인을 하던가 항공사 직원을 붙잡고 큰소리로 싸우고 자기 주장을 해서라도 꼭 탑승권(Einsteigekarte)을 받아내야지 언어가 안 통한다고 가만히 있는 것은 바보스런 일이다.

K 루프트한자 창구가 어디에 있습니까?

보- 이스트 데어 솰터 데어 루프트한자
Wo ist der Schalter der Lufthansa?

K 비행기는 제시간에 출발합니까?

프리그트 디- 마쉬-네 퓡크틀리히 압
Fliegt die Maschine pünktlich ab?

K 짐 수속은 어디서 합니까?

보- 비르트 다스 게팩크 압게페르틱트
Wo wird das Gepäck abgefertigt?

K 수속은 얼마나 오래 걸립니까?

비- 랑에 다우어르트 디- 압페르티궁
Wie lange dauert die Abfertigung?

F 담배를 피우십니까?

진트 지- 라욱허
Sind Sie Raucher?

⇨ 아니오, 나는 담배를 피우지 않습니다.

나인 이히 빈 니히트라욱허
Nein, ich bin Nichtraucher.

F 그 가방을 여기 저울 위에 올리세요.

슈텔렌 지- 덴 코퍼 비테 히어 아우프 디 바게
Stellen Sie den Koffer bitte hier auf die Waage.

F 추가 요금을 지불하셔야 합니다.

퓌어 다스 위-버게비히트 뮛쎈 지- 아이네 쭈재츠리헤 게뷔-어 베짤-렌
Für das Übergewicht müssen Sie eine zusätzliche Gebühr bezahlen.

⇨ 얼마를 더 지불해야 합니까?

비필 무쓰 이히 퓌어 다스 위-버게비히트 베짤렌
Wieviel muß ich für das Übergewicht bezahlen?

K 어떤 출구를 통해 갑니까?

두르히 벨헨 아우스강 게-엔 비어 안 보르트
Durch welchen Ausgang gehen wir an Bord?

귀국

- ◆ **항공사 : Fluggesellschaft** [플룩게젤샤프트]
- ◆ **창구 : Schalter** [쌀터]
- ◆ **층 : Etage** [에타-줴]
- ◆ **이등석 : Touristenklasse** [투-리스텐클랏세]
- ◆ **창문 : Fenster** [펜스터]
- ◆ **짐 : Gepäckstück** [게팩슈틱]
- ◆ **저울 : Waage** [바-게]
- ◆ **수화물 : Handgepäck** [한트게팩]
- ◆ **초과중량 : Übergewicht** [위버게비히트]
- ◆ **탑승권 : Einsteigekarte** [아인슈타익카르테]
- ◆ **통과비행 : Transit-Flug** [트란지트-플룩]

탑승권 ▶

부록
ANHANG

- 환전
- 승차권 구입
- 분실 · 도난시
- 아플 때
- 처방
- 대한민국 출입국카드
- 도움이 되는 한독어휘

환전할 때

◎ 독어를 몰라도 이 카드를 이용하면 환전할 수 있습니다.

▶ **Wechseln Sie dieses Geld in D-Mark**
이 돈을 마르크로 바꿔주십시오

■ **Geldschein**　　☐ 100 DM(100마르크)　＿＿＿＿　Schein(e)
　　(지폐)　　　　☐ 10 DM(10마르크)　＿＿＿＿　Schein(e)
　　　　　　　　　☐ 5 DM(5마르크)　＿＿＿＿　Schein(e)
　　　　　　　　　☐ 2 DM(2마르크)　＿＿＿＿　Schein(e)

■ **Münze**　　　　☐ 1DM (1마르크)　＿＿＿＿　Stück
　　(동전)　　　　☐ 2 DM(2마르크)　＿＿＿＿　Stück
　　　　　　　　　☐ 10 DM(10마르크)　＿＿＿＿　Stück
　　　　　　　　　☐ 1 pf(1페니히)　＿＿＿＿　Stück
　　　　　　　　　☐ 10 pf(10페니히)　＿＿＿＿　Stück
　　　　　　　　　☐ 50 pf(페니히)　＿＿＿＿　Stück

　　　　　　　　Summe(합계) : DM ＿＿＿＿＿＿＿

▶ **Geben Sie mir bitte den Rest in Kleingeld.**
나머지는 잔돈으로 주십시오

승차권구입

◉ 매표소에서 아래를 작성하여 보여주십시오.

▶ **Bitte Fahrkarten nach** _______________.
_______________ 행을 주십시오

☐ Erwachsene ______ Karte   ☐ Kind ___________ Karte
어른 ___________ 장   아이 ___________ 장
☐ Rückfahrkarte _____(왕복)   ☐ Einfach Karte _____(편도)

☐ Datum(날짜)

월	일	시간
① _____(Monat)	_____(Tag)	_____(Uhr)
② _____(Monat)	_____(Tag)	_____(Uhr)
③ _____(Monat)	_____(Tag)	_____(Uhr)

☐ Raucherabteil(흡연석)   ☐ Nichtraucherabteil(금연석)
☐ erster Klasse(1등석)   ☐ zweiter Klasse(2등석)
☐ Schlafwagen(침대차)

▶ **Bitte schreiben Sie Gebühren.**
요금을 써 주십시오

Summe(합계) : _______________

분실 · 도난시

▶ _________________를 잃어버렸습니다.

Ich habe meinen _______________ **verloren.**

- ☐ Paß(여권)
- ☐ Reisescheck(여행자수표)
- ☐ Kamera(카메라)
- ☐ Brieftasche(지갑)
- ☐ Kreditkarte(신용카드)
- ☐ Koffer(가방)
- ☐ Bordkarte(항공권)
- ☐ _______________(기타)

▶ _______________에서 도난당했습니다.

Ich wurde es _______________ **gestohlen.**

- ☐ im Bus(버스 안에서)
- ☐ in der U-Bahn(지하철에서)
- ☐ auf dem Bahnhof(역에서)
- ☐ auf der Straße(길에서)
- ☐ auf der Toilette(화장실에서)
- ☐ _______________(기타)

분실·도난시

▶ ________________에 연락해 주십시오

Bitte rufen Sie ________________ **an!**

- ☐ die Polizei(경찰서)
- ☐ die Koreanische Botschaft(한국대사관)
- ☐ diese Nummer(이 번호로)

  Tel : ________________________
  (미리 연락할 곳을 적어놓자)

▶ ________________를 써 주십시오

Bitte schreiben Sie ________________ **aus.**

- ☐ Diebstahlbescheinigung(분실증명서)
- ☐ Unfallbescheinigung(사고증명서)
- ☐ ________________(기타)

▶ ________________를 재발행 해 주십시오

Bitte stellen Sie ________________ **aus!**

- ☐ Reisescheck(여행자수표)
- ☐ Paß(여권)
- ☐ Kreditkarte(신용카드)
- ☐ ________________(기타)

아플 때

● 병원에서 아래 사항에 ✔해서 주십시오.

Persönaliches Datum(신상기록)

- Name(이름) : ________________________(영어로)
- Alter(연령) : ________________________
- Geschlecht(성별) : ☐ M(남자)　☐ F(여자)
- Nationalität(국적) : Koreaner(한국인)
- Blutgruppe(혈액형) : ________________________
- Versicherungspolice Nr.(보험증서번호) : ________________
- Versicherungsgesellschaft (가입 보험회사) : ____________

▶ ________________가 많이 아픕니다.

▶ ____________ tut mir sehr weh.

☐ Meine linke Hand tut weh(왼손)

☐ Mein rechte Bein tut weh(오른쪽 다리)

☐ Meine Ohren tun weh(귀)

☐ ________________(기타)

▶ 여기가 ________________ 합니다.

▶ **Mir ist**　☐ schwindlig(현기증이 남)

☐ frost(한기가 들다)

☐ erschöpft(탈진한)

☐ matt(나른함)

☐ ____________(기타)

아플 때

▶ 최근에 수술을 받은 적이 있습니다.

Ich habe mich zur Zeit einer Operation untergezogen.

☐ Ja(네)　　　　　☐ Nein(아니오)

▶ ＿＿＿＿＿＿＿부터 몸이 좋지 않습니다.

▶ **Seit**　　　☐ heute(오늘)

☐ gestern abend(어젯밤)

☐ 3 Tage(3일 전)

☐ einer Woche(일수일 선)

☐ ＿＿＿＿＿＿＿＿＿＿(기타)

▶ 여행을 계속 해도 좋습니까?

Kann ich meine Reise fortsetzen?

☐ Ja(네)　　　　　☐ Nein(아니오)

▶ **Bitten wir sie darum, Formel der ärtzlichen Zeugnis, Rechnung oder Quittug auszufüllen, um Versicherungsgebühren zu verlangen.**

보험금 청구를 위하여 진단서, 청구서, 혹은 영수증 작성을 부탁드립니다.

처 방

▶ ＿＿＿＿＿＿＿＿＿＿다시 오십시오

▶ **Kommen Sie wieder**
- ☐ morgen(내일) um＿＿＿＿＿＿(시간)
- ☐ in drei Tagen(3일 후에)
- ☐ ＿＿＿＿＿＿＿＿＿＿＿＿＿＿＿＿＿＿

▶ ＿＿＿＿＿＿＿＿＿일간 안정을 취해 주십시오

▶ **Sie sollen ＿＿＿＿＿＿＿＿＿＿ Ruhe halten.**
- ☐ ＿＿＿＿＿＿＿＿＿＿＿＿＿Tag(일)
- ☐ ＿＿＿＿＿＿＿＿＿＿＿＿＿Woche(주)

▶ 약을 식사전(후)에 ＿＿＿＿＿＿씩 복용하십시오

▶ **Nehmen Sie diese Tablette ＿＿＿＿＿＿＿＿＿＿＿.**
- ☐ nach Essen(식후)
- ☐ vor Essen(식전)
- ☐ einmal pro Tag(하루에 1번)
- ☐ ＿＿＿＿＿ pro Tag(하루에 ~번)

대한민국 출입국카드

대한민국출입국신고서(韓國人用)

○ 깨끗하고 바르게 적어 주십시오.
○ 공용란은 적지 마십시오.
○ 여권속에 보관하십시오.

한국인 입국(재외국민 출국)신고서

한글 이름	동 인 랑			한자 성명	東仁郎	
생년 월일	년	월	일	주민등록후단번호		남 ☑ 여 2
	6 5	0 8	1 5	1 0 7 5 3 1 P		
여권 번호	512863			항공기편명 ·선박명	LH053	
출발지 (목적지)	프랑크푸르트			서명	東	

공용란
NO. LH A059957   2

심사인

출입국구분		거주구분	
E	D	0	9

한국인 출국(재외국민 입국)신고서

한글 이름	동 인 랑			한자 성명	東仁郎	
생년 월일	년	월	일	주민등록후단번호		남 ☑ 여 2
	6 5	0 8	1 5	1 0 7 5 3 1 P		
여권 번호	512863			직업· 직장명	출판	
한국내주소 ·전화번호	중랑구 면목2동/494-9140					
여행 목적	관 광			항공기편명 ·선박명	LH067	
목적지 (출발지)	프랑크푸르트			서명	東	

공용란
NO. LH A059957   1

심사인

출입국구분		거주구분	직	업
E	D	0 9		

한국어	독일어	한국어	독일어
가게	라덴 Laden	간단한	아인파흐 einfach
가격표	프라이스카르테 Preiskarte	간호원	크랑켄슈베스터 Krankenschwester
가까운	나-에 nahe	갈색	브라운 brawn
가다	게-엔 gehen	갈아타다	움슈타이겐 umsteigen
가득한	폴- voll	감각	엠핀둥 Empfindung
가렵다	우켄 jucken	감기	에어켈룽 Erkältung
가루	풀버 Pulver	값	베르트 Wert
가방	코퍼 Koffer	강	플루쓰 Fluß
가볍다	라이히트 leicht	강한	슈타르크 stark
가솔린	벤진 Benzin	같다	글라이헨 gleichen
가을	헤릅스트 Herbst	같은	글라이히 gleich
가이드	프렘덴퓌-러 Fremdenführer	개(犬)	훈트 Hund
가족	파밀리에 Familie	개인	인디비두움 Individuum
가죽	레더 Leder	거리(街)	슈트라쎄 Straße
가짜	이미타치온 Imitation	거스름돈	벡셀겔트 Wechselgeld
가치	베르트 Wert	거울	슈피겔 Spiegel
간	레-버 Leber	거의	파스트 fast
간결한	뷘디히 bündig	거절하다	압레-넨 ablehnen

한국어	독일어	한국어	독일어
거주자	베보-너 Bewohner	고기	플라이슈 Fleisch
거짓말	뤼게 Lüge	고려하다	베뤽지히티겐 berücksichtigen
건강	게준트하이트 Gesundheit	고속도로	아우토반 Autobahn
건널목	슈트라쎈위버강 Straßenübergang	고장	운팔 Unfall
건물	게보이데 Gebäude	고층빌딩	호흐하우스 Hochhaus
건조한	트로켄 trocken	고향	하이마트 Heimat
걷다	게-엔 gehen	곧바로	게라데아우스 geradeaus
검역소	쿠바란테네스타치온 Quarantänestation	골동품	안티쿠비테트 Antiquität
검은	슈바르쯔 schwarz	골프	골프 Golf
게이트	플룩슈타익 Flugsteig	공공의	외펜트리히 öffentlich
겨울	빈터 Winter	공부하다	슈트리어렌 studieren
겨자	젠프 Senf	공손하게	회프리히 höflich
결정	엔트샤이둥 Entscheidung	공연	포어슈텔룽 Vorstellung
결혼	하이라트 Heirat	공원	파르크 Park
경마	페르데렌넨 Pferderennen	공항	플룩하펜 Flughafen
경찰관	폴리찌스트 Polizist	과로	위버아르바이트 Überarbeit
경찰서	폴리짜이암트 Polizeiamt	과세	슈토이어페어안라궁 Steuerveranlagung
경치	란트샤프트 Landschaft	과일	옵스트 Obst
계산하다	레히넨 rechnen	과자	쿡헨 Kuchen
계약(서)	페어트락 Vertrag	관광	베지히티궁 Besichtigung

한국어	독일어	한국어	독일어
관광버스	투어렌부스 Tourenbus	귀	오-어 Ohr
관세	쫄 Zoll	귀걸이	오-어링 Ohrring
광장	플라츠 Platz	귀중품	코스트바-카이트 Kostbarkeit
교외	움게붕 Umgebung	규칙	레겔 Regel
교차점	크로이쯔풍크트 Kreuzpunkt	그램	그람 Gramm
교환원	텔레포니스틴 Telefonistin	그리다	말-렌 malen
교환하다	벡셀른 wechseln	그림	빌트 Bild
교회	키르헤 Kirche	그림엽서	안지히츠카르테 Ansichtskarte
구급차	암브란쯔 Ambulanz	그림책	빌더부흐 Bilderbuch
구두	수-에 Schuhe	극장	데아터 Theater
구멍	로흐 Loch	금	골트 Gold
구입하다	아인카우펜 einkaufen	금발	골트하-르 Goldhaar
국내의	인렌디쉬 inländisch	금지하다	페어비-텐 verbieten
국적	슈타츠안게회리카이트 Stäatsangehörigkeit	급행열차	슈넬쭉 Schnellzug
국제의	인터나치오날 international	기념비	뎅크말 Denkmal
굴(見)	툰넬 Tunnel	기념일	게데히트니스탁 Gedächtnistag
굴뚝	라흐팡 Rauchfang	기다리다	바르텐 warten
굽다	비-겐 biegen	기대하다	에어바르텐 erwarten
굽다	프라텐 braten	기분나쁜	뵈-제 böse
궁전	팔라스트 Palast	기쁜	프로- froh

한국어	독일어
기숙사	인터나트 Internat
기온	템페라투어 Temperatur
기입하다	아인슈라이벤 einschreiben
기침	후스텐 Husten
기혼의	페어하이라테트 verheiratet
기회	게레겐하이트 Gelegenheit
기후	클리마 Klima
긴	랑 lang
긴급	드링리히카이트 Dringlichkeit
깃(옷의)	클라겐 Kragen
깊은	티프 tief
깨다(잠을)	아우프박헨 aufwachen
깨닫다	베그라이펜 begreifen
꽃	블루메 Blume
꽃집	블루멘라덴 Blumenladen
끌다	찌-엔 ziehen
끓다	콕-헨 kochen
나라	란트 Land
나무	바움 Baum
나쁜	슐레히트 schlecht

한국어	독일어
나이든	알트 alt
낚시	안겔하켄 Angelhaken
날	탁 Tag
날것	로-하이트 Rohheit
날다	플리-겐 fliegen
날씨	베터 Wetter
날짜	다툼 Datum
남성(의)	만 Mann
남기다	인터랏센 hinterlassen
남쪽	쥐덴 Süden
남편	가테 Gatte
낮은	니드리히 niedrig
냄비	판네 Pfanne
내과	디 인너레 메디찐 die Innere Medizin
내리다	아우스슈타이겐 aussteigen
내의	운터베쉐 Unterwäsche
냄새	게루흐 Geruch
냅킨	제르비어테 Serviette
냉방장치	켈테마쉬네 Kältemaschine
냉장고	퀼슈랑크 Kühlschrank

한국어	독일어
넓은	브라이트 breit
넓히다	페어브라이텐 verbreiten
네덜란드	홀란트 Holland
넥타이	크라바테 Krawatte
노래하다	징엔 singen
노력	뮈-에 Mühe
노크하다	클로펜 klopfen
녹색	그륀 grün
농구	바스켓볼 Basketball
농부	바우어 Bauer
농장	파름 Farm
높은	호흐 hoch
눈	아우게 Auge
눈썹	아우겐브라우에 Augenbraue
늦은(시간)	슈패트 spät
다른	안더 ander
다르다	페어쉬-덴 verschieden
다리	바인 Bein
다리	브뤼케 Brücke
다리미	플래테 Plätte

한국어	독일어
닦다	글래텐 glätten
단순한	아인파흐 einfach
단추	크노프 Knopf
닫다	슐리쎈 schleißen
달걀	아이 Ei
달콤한	쥐쓰 süß
닭고기	휘-너 플라이쉬 Hühnerfleisch
담배	찌가레테 Zigarette
대단히	제어 sehr
대답하다	안트보르텐 antworten
대사관	보트샤프트 Botschaft
대접	아우프나-메 Aufnahme
대학	우니페어지테트 Universität
더러운	슈무찌히 schmuzig
더위	히쩨 Hitze
던지다	베르펜 werfen
도기	케라믹 Keramik
도둑	디-프 Dieb
도서관	비블리오텍 Bibliothek
도움되다	헬펜 helfen

한국어	독일어
도중하차하다	운터브레헨 untervrechen
도착하다	안콤멘 ankommen
독신의	레디히 ledig
독특한	아인찌히 einzig
돈	겔트 Geld
돌아가다	비-겐 biegen
돕다	헬펜 helfen
동물	티어 Tier
동전	뮌쩨 Münze
동쪽	오스트 Ost
돼지고기	슈바인플라이쉬 Schweinfleish
두꺼운	디크 dick
두다	슈텔렌 / 레겐 stellen / legen
두통	코프슈메르츠 kopfschmerz
둥근	룬트 rund
드레스	드레쓰 Dreß
들어가다	아인트레텐 eintreten
등	뤽켄 Rücken
등산	베르크슈타이겐 Bergsteigen
디스코	디스코텍 Diskothek

한국어	독일어
디자인	디자인 Design
디저트	나하티쉬 Nach tisch
따뜻한	바름 warm
땅	보덴 Boden
때때로	만히말 machmal
떨어뜨리다	팔렌 라쎈 fallen lassen
라디오	라디오 Radio
라이터	포이어쪼익 Fueuerzeug
램프	람페 Lampe
로비	포어할레 Vorhalle
루즈	로우게 Rouge
루트	베크 Weg
마루	푸쓰보덴 Fußboden
마시다	트링켄 trinken
마약	라우쉬기프트 Rauschgift
마요네즈	마요네저 Mayonnaise
만나다	트레펜 treffen
만들다	막헨 machen
만족하다	쭈프리덴 자인 Zufrieden sein
만지다	베리뤼렌 berühren

한국어	독일어		한국어	일어
많은	짤-라이히 zahlreich		모습	아우스제-엔 Aussehen
말하다	자겐 sagen		모양	포름 Form
맛(보다)	게슈멕 Geschmeck		모으다	잠멜른 sammeln
맛있는	슈막하프트 schmackhaft		모자	훗 Hut
맞다	슈팀멘 stimmen		모텔	모텔 Motel
매니큐어	마니퀴레 Maniküre		모포	볼데케 Wolldecke
맥박	플스 Puls		모피	렐쯔 Relz
맥주	비어 Bier		목	할스 Hals
머리	코프 Kopf		목구멍	켈레 Kehle
머리카락	하-르 Haar		목격자	아우겐쪼이게 Augenzeuge
머플러	할스투흐 Halstuch		목적지	라이제찔 Reiseziel
먹다	에센 essen		몸	쾨르퍼 Körper
멀다	페른 fern		묘지	그랍슈테테 Grabstätte
멋진	분더바- wunderbar		무거운	슈베어 schwer
메뉴	메뉘 Menü		무게	게비히트 Gewicht
메시지	보트샤프트 Botschäft		무대	뷔네 Bühne
면도하다	라지어렌 rasieren		무릎	크니- Knie
면세	슈토이어프라이하이트 Steuerfreiheit		무엇	바스 was
명료한	클라 klar		문	자츠 Satz
모든	알 all		문	튀어 Tür

한국어	독일어
문방구점	슈라이브바-렌라덴 Schreibwarenladen
문제	프라게 Frage
문화	클투어 Kultur
묻다	프라겐 fragen
물	바써 Wasser
물품	딩 Ding
뮤지컬	뮤지컬 Musical
미국	아메리카 Amerika
미술관	쿤스트할레 Kunsthalle
미용실	다멘 프리죄어살롱 Damenfriseursalon
민예품	쿤스트할트베르크스아르바이트 Kunsthandwerksarbeit
밀다	슈토쎈 stoßen
바다	메어 Meer
바닥	보덴 Boden
바람	빈트 Wind
바쁜	베셰프틱트 beschäftigt
바지	호제 Hose
박물관	무제움 Museum
반	헬프테 Hälfte
반대	게겐타일 Gegenteil

한국어	독일어
반바지	크니-호제 Kniehose
반복하다	비-더홀렌 wiederholen
반지	링 Ring
반환하다	쯔뤽게벤 zurückgeben
받다	베콤멘 bekommen
발	푸쓰 Fuß
발레	발레트 Ballett
발코니	발콘 Balkon
발행하다	헤라우스게벤 herausgeben
밝다	헬 heil
밤	나흐트 Nacht
방	찜머 Zimmer
방문하다	베죽헨 besuchen
방해	힌더니스 Hindernis
방향	리히퉁 Richtung
배	슆 Schiff
배구	발리볼 Volleyball
배달	압리-퍼룽 Ablieferung
배드민턴	페더발 Federball
백화점	카우프하우스 Kaufhaus

한국어	독일어
버스	부스 Bus
버터	부터 Butter
번호	눔머 Nummer
번화가	하우프트게쉐프츠슈트라세 Hauptgeschäftsstraße
벌레	인젝트 Insekt
벗다	아우스찌-엔 ausziehen
베개	코프키쎈 Kopfkissen
베이컨	슈펙 Speck
벤치	방크 Bank
벨트	귀르텔 Gürtel
벽	반트 Wand
변비	페어슈트풍 Verstopfung
별	슈테른 Stern
병	크랑켄하이트 Krankenheit
병원	크랑켄하우스 Krankenhaus
병이 든	크랑크 krank
보기 흉한	해쓰리히 häßlich
보내다	젠덴 senden
보다	제-엔 sehen
보도	쓰벡 Fußweg

한국어	독일어
보석	유벨 Juwel
보여주다	짜이겐 zeigen
보증하다	가란티 Garantie
보통의	게뵌리히 gewöhnlich
보험	페어지허룽 Versicherung
보호	슈츠 Schutz
복잡한	콤플리찌어르트 kompliziert
볼펜	쿠겔슈라이-버 Kugelschreiber
봄	프뤼링 Frühling
봉투	움슐락 Umschlag
부끄러움	샴 Scham
부드러운	짜르트 zart
부르다	루펜 rufen
부모	엘러른 Eltern
부인	프라우 Frau
부유한	라이히 reich
부츠	슈-에 Schuhe
북극	노르트폴 Nordpol
북쪽	노르트 Nord
분수	슈프링브룬넨 Springbrunnen

한국어	독일어	한국어	독일어
분실	페어루스트 Verlust	빌리다	라이-엔 leihen
분위기	아트모스페레 Atmosphäre	빗	캄 Kamm
분홍색	로자 Rosa	빠른	슈넬 schnell
불다	블라젠 blasen	빨강	로트 rot
불편한	운베크벰 unbequem	빨대	슈트로할메 Strohhalme
붕대	빈데 Binde	빵	브로트 Brot
브래지어	뷔스텐할터 Büstenhalter	빵집	베커라이 Bäckerie
브랜디	브랜디 Brandy	사건	에어아이크니스 Ereignis
브레이크	브렘제 Bremse	사고	운팔 Unfall
브로치	브로쉐 Brosche	사과	압펠 Apfel
블라우스	블루제 Bluse	사과하다	지히 엔트슐리겐 sich entschuldigen
비누	자이페 Seife	사다	아인카우펜 einkaufen
비상구	노트아우스강 Notausgang	사무소	뷰로 Büro
비슷한	앤-리히 ähnlich	사용하다	게브라욱헨 gebrauchen
비싼	토이어 teuer	사진	프토그라피 Photographie
비용	아우스가베 Ausgabe	산	베르크 Berg
비자	비줌 Visum	살다	레벤 leben
비행기	플룩쪼익 Flugzeug	상세	아우스퓌어리히카이트 Ausführlichkeit
빈(속이)	레어 leer	상아	엘펜바인 Elfenbein
빌다	베텐 beten	상의	야케 Jacke

한국어	독일어
상인	카우프만 Kaufmann
상점	게쉐프트 Geschäft
상처	분데 Wunde
상품	바레 Ware
새	포겔 Vogel
새로운	노이 neu
새우	가르넬레 Garnele
색깔	파르베 Farbe
샌드위치	샌드위치 Sandwich
샐러드	잘라트 Salat
샐러리맨	게할츠엠팽어 Gehaltsempfänger
생각하다	덴켄 denken
생략하다	아우스라센 auslassen
생일	게부르츠탁 Geburtstag
샤프	퓔블라이슈타프트 Füllbleistift
샤워	두쉐 Dusche
샴페인	샴페인 Champagner
샴푸	샴푸 Schampoc
서다	슈테-엔 stehen
서명	운터슈리프트 Unterschrift

한국어	독일어
서비스	베디-눙 Bedienung
서핑	서핑 Surfing
선금	포어아우스짤-룽 Vorauszahlung
선명한	클라 klar
선물	게쉥크 Geschenk
선반	레갈 Regal
선택하다	아우스벨-렌 auswählen
설명	에어쿨래룽 Erklärung
설사	두르히팔 Durchfall
설사약	슈토프미텔 Stopfmittel
설탕	쭈커 Zucker
성(城)	슐로쓰 Schloß
성공	테어폴크 Erfolg
성냥	슈트라이히홀쯔 Streichholz
성별	게슐레히츠운터시이트 Geschlechtsunterschied
성인	에어박세네 Erwachsene
세계	벨트 Welt
세관	쫄암트 Zollamt
세우다	슈텔렌 stellen
세탁	바쉔 Waschen

한국어	독일어		한국어	독일어
셀프서비스	젤프스트베디-눙 Selbstbedienung		솔	뷔르스테 Bürste
셔츠	헴트 Hemd		쇠고기	린트플라이슈 Rindfleisch
셔터	페어슐로쓰 Verschluß		쇼	샤우 Schau
소	린트 Rind		쇼핑	아인카우프 Einkauf
소개	포어슈텔룽 Vorstellung		숄더 백	슐터타쉐 Schultertasche
소금	짤쯔 Salz		수	짤 Zahl
소매	애르멜 Ärmel		수리	레파라투어 Reparatur
소매치기	타쉔디-프 Taschendieb		수면제	슐라프미텔 Schlafmittel
소방서	포이어베-르스타치온 Feuerwehrstation		수수료	게뷔렌 Gebühren
소스	조쎄 Soße		수수한	운아우프팰리히 unauffällig
소시지	부어스트 Wurst		수염	바르트 Bart
소파	조파 Sofa		수영	슈빔멘 Schwimmen
소포	파켓 Paket		수영복	바덴쪼익 Badenzeug
속달	아일젠둥 Eilsendung		수영장	바데안슈탈트 Badeanstalt
속하다	게회-렌 gehören		수예품	한트아르바이트 Handarbeit
손	한트 Hand		수족관	아쿠바라움 Aquarium
손가락	핑거 Finger		수표	쉑 Scheck
손님	가스트 Gast		수프	쥬페 Suppe
손목	한트게렝크 Handgelenk		수화물	한트게팩 Handgepäck
손바닥	한트텔러 Handteller		숙고	위버레궁 Überlegung

한국어	독일어	한국어	독일어
슈트케이스	한트코퍼 Handkoffer	시	슈타트 Stadt
슈퍼마켓	쥬퍼마르크트 Supermarkt	시각	짜이트 Zeit
스낵바	임비쓰 Imbiß	시간	슈툰데 Stunde
스웨터	풀오버 Pullover	시계	우어 Uhr
스위치	샬터 Schalter	시끄러운	라우트 laut
스카치	쇼티시 트베트 schottisch Tweed	시원한	퀼- kühl
스카프	샬레 Schale	시장	마르크트 Markt
스커트	록 Rock	시차	짜이트디페렌쯔 Zeitdifferenz
스케이트	아이스라우펜 Eislaufen	시청	라트하우스 Rathaus
스키	쉬 Ski	식기	에쓰게쉬-르 Eßgeschirr
스타디움	슈타디온 Stadion	식당	레스토랑 Restaurant
스타킹	슈트룸프 Strumpf	식료품	레벤스미텔 Lebensmittel
스테이크	슈텍 Steak	식료품점	레벤스미텔게쇄프트 Lebensmittelgeschäft
스튜어디스	스튜어디스 Stewardeß	식물원	보타니쉬 가르텐 botanischer Garten
스튜어드	스튜어드 Steward	식사	엣센 Essen
스파게티	스파게티 Spaghetti	식중독	레벤스미텔페어기프퉁 Lebensmittelvergiftung
스푼	뢰펠 Löffel	신고	안멜둥 Anmeldung
슬픈	트라우리히 traurig	신맛의	자우어 sauer
승객	파가스트 Fahrgast	신문	짜이퉁 Zeitung
승마	라이텐 Reiten	신분증명서	페르조날아우스바이스 Personalausweis

한국어	독일어
신청	안트락 Antrag
신호등	지그날람페 Signallampe
실수	펠-러 Fehler
실제의	뷔어클리히 wirklich
실크	자이데 Seide
심장	헤르쯔 Herz
심한	슈타르크 stark
싸다	아인팍헨 einpacken
싼값의	빌리히 billig
쌀	라이스 Reis
쓰다	슈라이벤 schreiben
쓰레기통	뮐아이머 Mülleimer
쓴	비터 bitter
씻다	바쉔 waschen
아는 사람	베칸테 Bekannte
아마	필라이트 villeicht
아버지	파터 Vater
아스피린	아스피린 Aspirin
아이스크림	슈파이제아이스 Speiseeis
아침식사	프뤼슈틱 Frühstück

한국어	독일어
아프다	크랑크 krank
악수하다	핸데드룩 Händedruck
안경	브릴레 Brille
안내	아인퓌-룽 Einführung
안약	아우겐미텔 Augenmittel
안전	지허하이트 Sicherheit
앉다	지히 제첸 sich setzen
알다	비쎈 wissen
알레르기	알레르기 Allergie
알리다	밑타일렌 mitteilen
암	케르브스 Kerbs
악세사리	슈묵흐 Schmuck
야구	베이스볼 Baseball
야채	게뮈제 Gemüse
약	타브레테 Tablette
약국	아포테케 Apotheke
약속	페어슈프레헨 Versprechen
약한	슈바흐 schwach
얇다	된 dünn
양(量)	멩에 Menge

한국어	독일어	한국어	독일어
양말	슈트룸페 Strumpfe	여성(의)	프라우 Frau
양복	안쭉 Anzug	여행	라이제 Reise
양복점	슈나이더라이 Schneiderei	여행사	라이제뷔로 Reisebüro
양상추	코프잘라트 Kopfsalat	여행자	라이젠데 Reisende
양파	쯔비벨 Zwiebel	여행자 수표	라이제쉑 Reisescheck
어깨	슐터 Schulter	여행하다	라이젠 reisen
어두운	뒹켈 dunkel	역	반호프 Bahnhof
어려운	슈비어리히 schwierig	역사적인	게시히트리히 geschichtlich
어린이	킨트 Kind	연극	슈필 Spiel
어머니	무터 Mutter	연기하다	페어쉬-벤 verschieben
어패류	피쉬 Fisch	연락	페어빈둥 Verbindung
언어	슈프라헤 Sprache	연장하다	페어랭어른 verlängern
얼굴	게지히트 Gesicht	열	피-버 Fieber
얼다	프리어렌 frieren	열다	외프넨 öffnen
얼마	비-필 wieviel	열쇠	슐뤼셀 Schlüssel
얼음	아이스 Eis	엷은(색이)	라이히트 leicht
에스컬레이터	롤레트레페 Rollertreppe	염좌(捻挫)	디스토리지온 Distorision
엘리베이터	아우프쭉 Aufzug	엽서	포스트카르테 Postkarte
여관	가스트하우스 Gasthaus	영사관	콘줄라트 Konsulat
여권	파쓰 Paß	영수증	크비퉁 Quittung

한국어	독일어	한국어	독일어
영향	아인플루쓰 Einfluß	왼쪽	링크스 links
영화	필름 Film	요금	게뷔-렌 Gebühren
영화관	키노 Kino	요리	게리히트 Gericht
옆	자이테 Seite	요리사	코흐 Koch
예쁜	쇤- schön	요트	제겔보트 Segelboot
예술	쿤스트 Kunst	욕실	바데찜머 Badezimmer
예약	레저비어룽 Reservierung	욕조	바데바네 Badewanne
예정	포어베슈팀뭉 Vorbestimmung	우체국	포스트암트 Postamt
오래된	랑/알트 lang / alt	우편	포스트 Post
오렌지	오랑지 Orange	우표	브리프마르케 Briefmarke
오르다	슈타이겐 steigen	운동	슈포르트 Sport
오른쪽	레히츠 rechts	운전면허증	퓌-러샤인 Führerschein
오버 코트	위버만텔 Übermantel	원하다	뷘셴 wünschen
오페라	오퍼 Oper	웨이터	켈르너 Kellner
온천	하이쎄 쿠벨레 heiße Quelle	웨이츄레스	켈르너린 Kellnerin
올리다	아우프슈타이겐 aufsteigen	위	마겐 Magen
옷	클라이둥 Kleidung	위대한	그로쓰 groß
외국인	아우스랜더 Ausländer	위스키	비스키 Whisky
외부	아우쎈자이테 Außenseite	위장약	마겐아르쯔나이 Magenarznei
외화	데비제 Devise	위험	게파-르 Gefahr

한국어	독일어	한국어	독일어
유람	페어그뉘궁스라이제 Vergnügungreise	이쑤시개	짠-슈토허 Zahnstocher
유리컵	글라스 Glas	2인실	도펠찜머 Doppelzimmer
유명한	베륌-트 berühmt	이해하다	페어슈테엔 verstehen
유원지	슈필플라츠 Spielplatz	인공의	퀸스트리히 künstlich
유적	루이네 Ruine	인상	아인드룩 Eindruck
은	질버 Silber	인형	푸페 Puppe
은행	방크 Bank	일	아르바이트 Arbeit
은행원	방크베암테 Bankbeamte	일방통행	아인반-페어케어 Einbahnverkehr
음료	게트랭케 Getränke	일어나다	아우프슈테엔 aufstehen
음악	무직 Musik	일용품	하우스할츠바레 Haushaltsware
응급처치	노트마쓰나-메 Notmaßnahme	1인실	아인쩰찜머 Einzelzimmer
의미하다	베도이텐 bedeuten	일출	존넨아우프강 Sonnenaufgang
의사	아르쯔트 Arzt	읽다	레젠 lesen
의자	슈튤- Stuhl	입	문트 Mund
이기다	지-겐 siegen	입구	아인강 Eingang
이동하다	지히 베베겐 sich bewegen	입국	아인라이제 Einreise
이름	나메 Name	입다	안찌-엔 anziehen
이발	하르슈나이덴 Haarschneiden	입장	아인트리트 Eintritt
이발소	헤렌프리죄샬롱 Herrenfriseursalon	자동차	아우토 Auto
이빨	쨔-네 Zähne	자동판매기	아우토마트 Automat

한국어	독일어	한국어	독일어
자르다	슈나이덴 schneiden	전시	아우스슈텔룽 Ausstellung
자전거	파라트 Fahrrad	전지	바테리 Batterie
자주	오프트 oft	전화	텔레폰 Telefon
작은	클라인 klein	전화번호부	텔레폰부흐 Telefonbuch
잔돈	클라인겔트 Kleingeld	절약	슈파르잠카이트 Sparsamkeit
잠옷	슐라프안쭉 Schlafanzug	젊은	융 jung
잠자다	슐라펜 schlafen	점원	페어코이퍼 Verkäufer
잡다	네-멘 nehmen	접시	텔러 Teller
잡지	짜이트슈리프트 Zeitschrift	정류장	할트슈텔레 Haltstelle
장갑	한트슈-어 Handschuhe	정말로	타트재크리히 tatsächlich
장난감	슈필쪼익 Spielzeug	정보	나흐리히트 Nachricht
장소	슈텔레 Stelle	정상	깁펠 Gipfel
재난	운하일 Unheil	정식	메뉘 Menü
재떨이	아쉔베허 Aschenbecher	정원	가르텐 Garten
재발행	비-더아우스가베 Wiederausgabe	정육점	메츠거리 Metzgerie
재즈	째즈 Jazz	정직한	에-어리히 ehrlich
잼	마르메라데 Marmelade	정찬	포르멜레스 아벤트에센 formelles Abendessen
쟁반	타브레트 Tablett	정확히	게나우 genau
저녁식사	아벤트에센 Abendessen	젖은	나쓰 naß
적당한	매씨히 mäßig	제안	포어슐락 Vorschlag

한국어	독일어	한국어	독일어
제외하다	아우스네-멘 ausnehmen	주소	아드레쎄 Adresse
제한	베슈랭쿵 Beschränkung	쥬스	자프트 Saft
조각	슈틱 Stück	주차	파르켄 Parken
조금	아인 비쓰헨 ein bißchen	준비	포어베라이퉁 Vorbereitung
조끼	베스테 Weste	중국	히나 China
조미료	게뷔르쯔 Gewürz	중세의	미텔알터리히 mittelalterlich
조심	포어지히트 Vorsicht	중요한	비히티히 wichtig
조용한	루이히 ruhig	즐기다	지히 운터할렌 sich unterhalten
조이다	지히 조르겐 sich sorgen	증명서	베샤이니궁 Bescheinigung
조정	레기어룽 Regierung	증상	크랑크하이츠쭈슈탄트 Krankheitszustand
좁은	엥 eng	지갑	브리이프타쉐 Brieftasche
종류	조르테 Sorte	지구	에르데 Erde
종이접시	파피어텔러 Papierteller	지도	아트라스 Atlas
종이컵	파피어타세 Papiertasse	지름길	리히트벡 Richtweg
좋은	굳 gut	지방	게겐트 Gegend
좌석	지츠 Sitz	지배인	라이터 Leiter
주(週)	프로빈쯔 Provinz	지불하다	베짤-렌 bezahlen
주다	게벤 geben	지식	켄트니스 Kenntnis
주(酒)류	알코올게트랭크 Alkoholgertänk	지역	게비트 Gebiet
주문	베슈텔룽 Bestellung	지위	슈텔룽 Stellung

한국어	독일어	한국어	독일어
지진	에르트베벤 Erdbeben	철도	아인젠반- Eisenbahn
지폐	겔트샤인 Geldschein	청결한	지우버 sauber
지하	운터그룬트 Untergrund	청구서	레히눙 Rechnung
직업	베루프 Beruf	청구하다	안죽헨 ansuchen
진실	바하이트 Wahrheit	청량음료	에어프리쉔데 게트랭크 erfrischende Getränk
진열	아우스슈텔룽 Ausstellung	청소	라이니궁 Rainigung
진주	페르레 Perle	초대	아인라둥 Einladung
진찰	운터죽흥 Untersuchung	초콜렛	쇼콜라데 Schokolade
진통제	안탈기카 Antalgika	최근	디 레츠테 짜이트 die letzte Zeit
질(質)	쿠발리테트 Qualität	최대의	그뢰쓰트 größt
질문	프라게 Frage	최소의	클라인스트 kleinst
집	하우스 Haus	최후의	레츠트 letzt
짙은	디히트 dicht	추가의	나흐트래크리히 nachträglich
짧은	쿠르쯔 kurz	추억	에린너룽 Erinnerung
차장	샤프너 Schaffner	추운	칼트 kalt
찬성하다	쭈슈팀멘 zustimmen	축제	파이어 Feier
창문	펜스터 Fenster	축하하다	그라투리어렌 gratulieren
찾다	죽헨 suchen	출구	아우스강 Ausgang
책	부흐 Buch	출국카드	압파르트카르테 Abfahrtkarte
천천히	랑잠 langsam	출발	암파르트 Abfahrt

한국어	독일어	한국어	독일어
출입국관리	아인라이제콘트롤레 Einreisekontrolle	케첩	케첩 Ketchup
출혈	블루트플르쓰 Blutfluß	코	나제 Nase
춤	탄쯔 Tanz	코냑	코냑 Kognak
충분한	게뉘겐트 genügend	코트	만텔 Mantel
취미	호비 Hobby	콘서트	콘쩨르트 Konzert
취소	비더루프 Widerruf	콜렉트 콜	에르-게슈프래히 R-Gespräch
치료하다	쿠리이렌 kurieren	쾌적한	베크벰 begquem
치즈	케제 Käse	크기	그뢰쎄 Größe
치통	짠-베- Zahnweh	크레디트카드	크레디트카르테 Kreditkarte
친절	프로인트샤프트 Freundschaft	크림	크림 Creme
침대	베트 Bett	큰	랑 lang
칫솔	짠-뷔르스테 Zahnbürste	큰(키가)	그로쓰 groß
카드	카르테 Karte	큰소리	라우트 laut
카메라	카메라 Kamera	클럽	클럽 Klub
캬바레	카바레 Kabarett	타다	아우프슈타이겐 aufsteigen
카지노	카지노 Kasino	타월	한트투흐 Handtuch
커피	카페 Kaffee	탈것	파-쪼익 Fahrzeug
컵	글라스 Glas	탑	푸름 Turm
케이블 카	드라스아인반 Drahseilbahn	탑승	아인슈타이겐 Einsteigen
케이크	쿡헨 Kuchen	탑승권	보르트카르테 Bordkarte

한국어	독일어
택시	탁시 Taxi
테니스	테니스 Tennis
텐트	쩰트 Zelt
텔레비젼	페른제-엔 Fernsehen
토마토	토마테 Tomate
토스트	토스트 Toast
토하다	지히 에어브레헨 sich erbrechen
통과	두르히강 Durchgang
통로	위버퓌-어룽 Überführung
통화	텔레폰게슈프래히 Telefongespräch
특별한	슈페찌엘 speziell
튼튼한	게준트 gesund
티 - 셔츠	T-셔츠 T-Shirt
티켓	티켓 Ticket
팁	트링켈트 Trinkgeld
파란	블라우 blau
파이	파스테터 Pastete
파티	파티 Party
판매	페어카우프트 Verkauf
판자	브레트 Brett

한국어	독일어
팔다	페어카우펜 verkaufen
팔찌	아름반트 Armband
패션	패션 Fashion
팸플릿	팜플렛 Pamphlet
퍼레이드	퍼레이드 Parade
퍼머	다우어벨레 Dauerwelle
편견	포어우어타일 Vorurteil
편리한	퀸스티히 günstig
포도주	바인 Wein
포장하다	아인팍헨 einpacken
포크	가벨 Gabel
포터	게팩트래거 Gepäckträger
포함	아인슐리쎈 Einschließen
표현하다	아우스드릭헨 ausdrücken
품목	아르티켈 Artikel
프론트	엠팡 Empfang
프로그래머	프로그람미어러 Programmierer
프로그램	프로그람 Programm
피	블루트 Blut
피로	뮈디히카이트 Müdigkeit

한국어	독일어	한국어	독일어
피로하다	에어뮈덴 ermüden	허가	에어라우프니스 Erlaubnis
피부과	데어마토로기 Dermatologie	헤엄치다	슈빔멘 schwimmen
피자	피자 Pizza	헤어스타일	하르슈틸 Haarstil
피하다	아우스바이헨 ausweihen	현금	바-켈트 Bargeld
피하다	페어마이덴 vermeiden	현기증	슈빈델안팔 Schwindelanfall
필름	필름 Film	현지의	쭈어 슈텔레 zur Stelle
필요로 하다	브우헨 brauchen	혈압	블루트드룩 Blutdruck
하다	막헨 machen	호텔	호텔 Hotel
하얀	바이쓰 weiß	홍차	테 Tee
한가운데	미테 Mitte	화난	애르거리히 ärgerlich
한가한	프라이 frei	화려한	아우프팰리히 auffällig
할인	에어매씨궁 Ermäßigung	화산	불칸 Vulkan
항공우편	루프트포스트 Luftpost	화상	페어브렌눙 Verbrennung
항구	하펜 Hafen	화장실	토와레테 Toilette
해(年)	야-르 Jahr	화장품	슈밍켄 Schminken
해안	퀴스테 Küste	화재	포이어 Feuer
해열제	피-버미텔 Fiebermitte	확인	베슈태티궁 Bestätigung
햄	슁켄 Schinken	환율	벡셀쿠르스 Wechselkurs
행운의	글뤽리히 glücklich	환전소	벡셀슈트베 Wechselstube
향수	파르퓜 Parfüm	회복	하일룽 Heilung

한국어	독일어
회사	피르마 Firma
회상하다	지히 에린너렌 sich erineren
회색의	글라우 glau
회의	코페렌쯔 Konferenz
회화	디아로그 Dialog
후추	페퍼 Pfeffer
후회하다	베로이엔 bereuen
훌륭한	피르마 prima
휴가	우어라웁 Urlaub
휴게실	에어프리슝스라움 Erfrischungsraum

한국어	독일어
휴대품보관소	가르데러베 Garderobe
휴식	루-에 Ruhe
휴양지	에어홀룽스오르트 Erholungsort
휴일	파이어탁 Feiertag
휴지	토와레텐파피어 Toilettenpapier
흐림	운클라 unklar
흡연하다	라우헨 rauchen
흥미깊은	인터레싼트 interessant
희극	코메디 Komödie
희망	호프눙 Hoffung

| 성(Family name): | 생년월일(Date of Birth) |
| 이름 (Fore name): | · 일(Day) 월(Mon.) 년(Yr.)   /   / |

| 국적(Nationality) : KOREA | 직업(Occupation) : |

| 나이(Age) : | 성별(Sex)
☐ Male(남)
☐ Female(여) | 혈액형(Blood Type) |

긴급연락처(Contact address in an emergency)

· **현지연락처**(Domestic)
　Hotel ☎ :
　　　　☎ :

· **국내연락처**(Korea)
　☎ :

현주소(Home Address)

　☎ :

여권번호(Passport No.) :

비자번호(Visa No.) :   ☎ :

항공권번호(Air Ticket No.) :   ☎ :

신용카드번호(C/D) :   ☎ :

여행자수표번호(T/C) :   ☎ :

해외여행보험번호(T/A No.) :

항공편 예약 재확인
　· 날짜 :   · 시간 :
　· 담당자 이름 :

강 희 순
제주대 인문대 독어독문학과 졸업
한국외국어대 대학원 독어과

파트너 여행 독일어

1998년 11월 10일 발행

著 者
강 희 순

發行人
인 찬 호

發行處
도서출판 **동인랑**

우편번호 130-072
서울시 동대문구 용두 2동 731-1
전화 02-929-0700(대표) 929-0704(상담실)
팩스 02-929-0709
E-mail : dinrang@unitel.co.kr
http://users.unitel.co.kr/~dinrang
등록번호 18-3호

印 刷
(주)백산인쇄

컴퓨터그래픽
색연필

일본판매 삼중당(東京)
미국판매 샘터문고(LA)

ⓒ Donginrang 1998

ISBN 89-7582-651-1